臺灣歷史與文化 研究輯刊

十八編

第 10 冊

濁水溪下游糖業鐵路之興衰
（1907～1970）

黃儒柏 著

花木蘭文化事業有限公司

國家圖書館出版品預行編目資料

濁水溪下游糖業鐵路之興衰（1907～1970）／黃儒柏 著 --
初版 -- 新北市：花木蘭文化事業有限公司，2020〔民109〕
目 2+166 面；19×26 公分
（臺灣歷史與文化研究輯刊 十八編；第 10 冊）
ISBN 978-986-518-190-1（精裝）
1. 糖業 2. 鐵路事業
733.08   109010605

ISBN-978-986-518-190-1

9 789865 181901

臺灣歷史與文化研究輯刊
十八編　第 十 冊   ISBN：978-986-518-190-1

濁水溪下游糖業鐵路之興衰（1907～1970）

作　　者　黃儒柏
總 編 輯　杜潔祥
副總編輯　楊嘉樂
編　　輯　許郁翎、張雅淋　美術編輯　陳逸婷
出　　版　花木蘭文化事業有限公司
發 行 人　高小娟
聯絡地址　235　新北市中和區中安街七二號十三樓
　　　　　電話：02-2923-1455 ／傳真：02-2923-1452
網　　址　http://www.huamulan.tw 信箱 hml 810518@gmail.com
印　　刷　普羅文化出版廣告事業
初　　版　2020 年 9 月
全書字數　122460 字
定　　價　十八編 16 冊（精裝）台幣 40,000 元

濁水溪下游糖業鐵路之興衰
（1907～1970）

黃儒柏　著

作者簡介

黃儒柏，1990 年生於臺灣臺北市，家鄉位於濁水溪畔的雲林縣莿桐鄉。畢業於臺灣師範大學臺灣史研究所。曾任虎尾鎮志社會篇協纂、雲科大專案助理、綠川人文工作室研究員。現任國家檔案局描述人員，負責臺灣鐵路管理局相關檔案描述及整理工作。發表期刊散見於《文化資產保存學刊》、《雲林文獻》、《臺灣文獻》、《臺灣風物》等。

提　　要

　　本論文以臺灣濁水溪下游的糖業鐵道為研究對象，探討日治時期至戰後此地區糖業鐵道興衰的過程，以地圖分析糖業鐵道線在濁水溪下游的空間分布及對地方的影響性。

　　糖業鐵道在功能上分為提供一般客貨運的營業線及運輸製糖甘蔗原料的專用線，在濁水溪下游南北岸各製糖會社的經營下，承載起各地區的重要產業，如原以運輸製糖原料的專用線砂利線卻可作為運輸砂石的鐵道線，在製糖會社的有效利用下成為除運輸原料外另一項收入。

　　經本論文的研究及探討，了解到日治時期製糖會社及戰後臺糖努力經營濁水溪下游糖業鐵道的情形，1910～1915 年初面臨起水患及選線等問題，鐵道興築緩慢，1915 年後營業線及專用線則有相異的發展，在營業線部分，總督府為尋求地方發展的便利性，要求製糖會社鋪設營業線，提供起客貨運的服務，包含宗教、觀光、地方特產等運輸的功能，但於 1930 年代在自動車的發達衝擊下衰退，1935 年仿傚總督府聯運的政策及 1940 年自動車汽油管制規正的政策後又重新振作。

　　在專用線部分，1915～1924 年在濁水溪護岸完工及「糊仔甘蔗」種植技術的創新下，鐵道的里程突飛猛進，然而受到 1925～1927 年蓬萊米大量栽種的影響，糖業鐵道的里程停滯不前，直到 1928 年引進爪哇大莖種蔗苗栽種，糖業鐵道的里程才又再次提升，1933 年受到世界不景氣，鐵道鋪設情形低迷，隔年濁水溪畔的移民村建立，製糖會社鋪設鐵道線以收購日本移民的甘蔗原料，里程也再次延長，但 1940 年代卻又因戰爭時期鐵材不足、飛行場的興建，面臨遭拆除的命運。

　　戰後，政府進行糖業復舊，鐵道也因此重修及翻新，政府撤退來臺後，在加強臺灣的國防能力的前提下，興築南北平行預備線，連接起日治時期南北各製糖會社的糖業鐵道，特別是利用西螺大橋鋪設鐵道，臺糖得以互相支援原料，也加速濁水溪下游南北兩岸之間客貨運的流通，然而 1970 年因糖業沒落，糖業鐵道的利用價值也隨之遞減，再加上修復、維護的成本提高，以及票價低廉、客運公車的競爭，糖業鐵道逐漸走向沒落及被拆除的命運。

　　近年社區總體營造努力重塑糖業鐵道風光，糖廠也設立五分車觀光園區、保存虎尾驛及虎尾鐵橋，試圖重拾糖業鐵道的記憶與風采。

本書曾獲

1. 臺灣教授協會第五屆獎助臺灣研究優良博碩士論文

2. 105 年度臺灣學論文研究獎助佳作

3. 新臺灣和平基金會第三屆台灣研究博碩士論文

誌謝辭

歷經研究所三年光陰，加上兩年的大學時光，總算完成這篇碩士論文，回顧這五年來遇到的辛酸波折，對於碰到的人與事不免感到由衷感謝。

這篇論文的完成首先要感謝大學許毓良老師的引領，進入本校就讀，開啟我對臺灣史的認識。經許老師的介紹下，進而認識我的指導教授張素玢老師，也是我最要感謝的老師，這三年來，從一無所知的我在老師驅策下，一步一腳印的邁向碩士生涯的終點，在過程中一方面常因學生的無知造成老師不少的麻煩，另一方面論文中有許多缺失，在老師不厭其詳且再三批閱下，得以完成，因此再次感恩老師包容我的駑鈍。

其次，謝謝洪致文、何鳳嬌兩位口試委員對論文詳細指點及改正。洪老師是我研一「歷史地理學」的授課老師，也同時是位鐵道專家，先後擔任期中發表評論人和口試委員，指出我該注意及未來可以再專研的部分。何老師雖然非研究鐵道的學者，但對於論文中不足之處給予提攜，彌補自己未考量的地方。此外，也感謝周樑楷、蔡淵絜、蔡錦堂、潘是輝、蔡龍保、范燕秋、陳佳宏、廖泫銘、許佩賢、莊天賜、曾令毅、林燊祿、顧雅文、陳鴻圖、韋煙灶等諸位老師的教導與鼓勵。

還要感謝碩士班的學長姐邱創裕、楊朝傑、邱德承、陳嘉伶、田騏嘉、林俊宇、林俊杰、黃品儒、李明道、陳昱誌、唐伯良；同窗好友黃翔瑋、高嘉駿、溫翔任、駱珈融、安井大輔、劉基安；學弟妹許仁瑋、謝泊諭、劉芷瑋、鄭涵云、關口大樹等交流及幫助。不僅是在學術上，大學同學國父、阿威、憲哥的陪伴及精神上的支持使我在課餘之外得以放鬆。

在我田野調查中也受到許多人的協助，包括鐵道研究者張聖坤、古庭維、

許乃懿、黃仲平；文史工作者林榮森、洪長源；臺糖員工溪湖加油站站長張濱發、前溪湖糖廠鐵道課領班黃益雄、大埤糖業鐵道文物館館長黃嘉益、前虎尾站站長廖壁、溪湖糖廠園區經營股長林志聖及虎尾糖廠原料課林課長、鐵道股程股長；甚至各地區耆老、村里長，在你們的協助下，順利取得碩士資格。

　　接著我要向我的家人致上萬分的謝意，每當進行田野調查時，在外公及親戚的協助陪伴下都能逐一達成，同時也感激母親讓我心無旁鶩的完成學業。最後我要感謝在天國的父親及外婆，在世時，父親您激起我對糖業鐵道課題的興趣，並與我討論糖業鐵道的變遷及對地方的貢獻，更驅車陪伴我進行田野，外婆在世時，因行走不便，仍陪同外公一同前往田野，在此，僅將本論文獻給在天國呵護我——我摯愛的父親及外婆。

目

次

緒　論

一、研究動機、目的及範圍

　　筆者年幼時，自雲林斗六火車站回莿桐老家的路途中，總會經過一條十字路口，上面標示『小心火車』的警告標誌，原來是一條「五分仔車」〔註1〕鐵道，引起了我對小火車的興趣。這幾年回到雲林老家，走過那條鐵道時，發現火車軌道已被填滿了，不免心生遺憾，而想藉由本論文研究糖業鐵道做為一種懷念。

　　日治時期殖民政府於 1900 年開始，便以「農業臺灣、工業日本」作為統治臺灣的經濟策略，以甘蔗為主要的經濟作物，日本製糖會社也紛紛於臺灣設製糖場，強化製糖業的發展，舊式糖廍逐漸轉以新式機器為主的製糖場，提升了製糖效能。濁水溪沖積扇平原有三座製糖場分別由大日本製糖會社所設置的五間厝製糖場（1920 年因應市區改正更名為虎尾製糖場），及位於北岸由林本源製糖會社所設置的溪州製糖場及明治製糖會社所設置的溪湖製糖場，前二座製糖場更與屏東阿猴製糖場並稱為「臺灣三大製糖場」。〔註2〕在製糖會社設置製糖場後，火車成為原料重要的運輸工具，透過火車可大量及快速載運原料至製糖場。然而受到世界糖價等因素影響，臺灣糖業在 1960 年後逐漸沒落，糖業鐵道逐漸被公路所取代，年輕一輩也僅能從耆老口中尋找糖業鐵道的回憶。

〔註1〕由於其軌距 762 公厘為國際軌距 1435 公厘的一半，故「五分仔車」又稱糖業火車，主要行駛於製糖場與甘蔗園的火車，專門載運甘蔗。

〔註2〕沈文台，《糖都虎尾：一個因糖而興，因糖而盛的市街》（雲林：虎尾大崙腳文教工作學會，2005），頁 97。

　　筆者在資料爬梳的過程中，了解糖業的興起有賴於糖業鐵道的發展，特別是糖廠原料區的擴張使糖業鐵道增加，但在臺灣不同時期的歷史地圖中卻發現，濁水溪下游沿岸糖業鐵道在戰前、戰後糖業鐵道線變化快速，因而想進一步探討糖業鐵道具有什麼經濟效益？日治時期糖業鐵道的經營面臨什麼困難？戰爭對於糖業鐵道的影響是什麼？戰後國民政府接收後又如何？南北平行線連結濁水溪南北岸的發展是如何？本文試圖重塑過去糖業鐵道的面貌，並且比較濁水溪下游糖業鐵道在二戰前後經營的不同。

　　有鑑於以上的問題，筆者研究的目的包含下列幾點：

1. 釐清日治初期糖業鐵道開展時面臨的困難及解決之道
2. 探討糖業鐵道專用線及營業線的經濟效益
3. 探討日治時期公路運輸對於糖業鐵道的衝擊及製糖會社的因應
4. 南北平行線在連結濁水溪南北岸後的發展
5. 戰後糖業鐵道沒落的原因

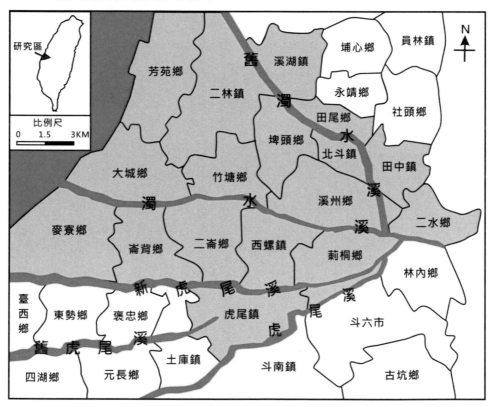

圖一　本文研究空間範圍（筆者繪）

　　戰後西螺大橋的完成後，糖業鐵道連結起濁水溪南北，將原本各屬不同製糖會社的糖業鐵道連結成為「南北平行預備線」，此為糖業鐵道發展的一大突破，且為本論文的重點之一，所以研究空間為濁水溪南北兩岸，範圍包括現今新虎尾溪以北至舊濁水溪以南地區，為濁水溪沖積扇平原南北兩岸之鄉鎮市（見圖一）：雲林縣莿桐鄉、西螺鎮、二崙鄉、崙背鄉、麥寮鄉；彰化縣溪州鄉、竹塘鄉、北斗鎮、埤頭鄉、大城鄉、二林鎮、芳苑鄉、田尾鄉、二水鄉、田中鎮。由於虎尾糖廠（日治時期為虎尾製糖場）位於虎尾鎮，溪湖糖廠（日治時期為溪湖製糖場）位於溪湖鎮，故也將二鎮納入研究區。

　　研究的時間範圍為明治 40 年（1907）至民國 59 年（1970）止，探討日治時期至戰後糖業鐵道的變化，以及糖業鐵道對於各鄉鎮交通的發展。民國 71 年最後的糖業鐵道停駛後，諸多的糖業鐵道回憶存在於耆老的記憶底下，因此筆者將訪談各地區的耆老、50 歲以上的中老年人口，以及近年來研究糖業鐵道的學者及文史工作者。

二、研究回顧

　　對於新虎尾溪以北至舊濁水溪以南的空間已有不少地理學、歷史學的研究，論述濁水溪沖積扇平原的發展，而筆者將研究回顧其分為糖業研究、鐵道研究、區域研究、糖廠與聚落發展研究。

（一）糖業研究

　　由楊彥騏所纂《臺灣百年糖紀》〔註3〕為其長時間田野調查的成果，以大眾化的書寫方式描寫臺灣百年的糖業發展，簡明指出臺灣重要製糖場的發展史，包括溪州製糖場、虎尾製糖場，同時將臺灣糖業分期描述，但由於研究不夠深入，加上整本書的討論重點放在糖業及製糖場本身，除高雄橋頭的糖業鐵道有介紹外，其他地區則較少論及。

　　邱淵惠《臺灣牛》〔註4〕及溫振華《臺中縣蔗廍研究》〔註5〕兩本著作皆談及清代至日治初期舊式糖廍的製糖的情形，也由於改良糖廍及新式製糖場的出現，舊式糖廍逐漸消失。前者說明牛在舊式糖廍中扮演的角色，並以照片加深讀者對於舊式糖廍的認識，後者則以田野調查重現傳統糖廍的狀況。

〔註3〕楊彥騏，《臺灣百年糖紀》（臺北：貓頭鷹出版社，2004）。
〔註4〕邱淵惠，《臺灣牛》（臺北：遠流出版社，1997）。
〔註5〕溫振華，《臺中縣蔗廍研究》（臺中：臺中縣立文化中心，1997）。

　　何鳳嬌〈日據時期臺灣糖業的發展〉〔註6〕一文為日治時期臺灣糖業初探，作者以統計資料說明從改良糖廍到新式糖廠的發展，指出由於原料區廣大，遂使鐵道成為製糖場重要的交通工具，同時也以里程統計來呈現糖業發達的現象，在社有地的增加、品種改良、蔗作方式改善的影響下，使臺灣成為糖業王國。然而由於該文範圍為臺灣地區，並非針對特定地區糖業發展的詳細整理。

　　黃紹恆〈從對糖業之投資看日俄戰爭前後臺灣人資本的動向〉〔註7〕一文，以經濟學的角度來看臺灣糖業於日治初期的發展，提出臺灣及日本資本家在投資糖業這塊於日俄戰爭前後有所不同，並於結論中指出六三法的推動、日本製糖會社在日俄戰爭後發展蓬勃皆影響臺灣的糖業發展。但文中多引用日日新報，並無的統計資料來證明日俄戰爭前後臺灣糖業發展的不同，為其不足之處。

　　莊天賜〈臨時臺灣糖務局與臺灣新製糖業之發展（1902～1911）〉〔註8〕中，研究日治初期糖業的發展，製糖會社的成立逐漸影響各地的舊式糖廍，並轉型為改良糖廍，這些糖廍也受到製糖會社的兼併，成為會社的原料採取區，作者最後將這些改良糖廍所在的區域以圖表呈現，有助於筆者了解日治時期初期的糖廍所經營的原料採取區區域。

　　吳育臻〈臺灣糖業「米糖相剋」問題的空間差異（1895～1954）〉〔註9〕中，從日治時期至戰後初期糖業發展中解析「米糖相剋」的問題，並以濁水溪作為分歧線，分別對日治時期臺中州及臺南州的自然環境及米蔗作條件做分析，接著針對臺中州蔗作的快速發展、臺南州米作受嘉南大圳影響所產生的蔗米拉扯與緩衝提出見解，最後探討糖業發展過程中其對於製糖會社及農民的影響。

（二）鐵道研究

　　洪致文《珍藏世紀 臺灣鐵道——地方鐵道篇》〔註10〕一書為研究臺灣地

〔註6〕何鳳嬌，〈日據時期臺灣糖業的發展〉，《國史館館刊》，復刊第20期（1996），頁71～94。

〔註7〕黃紹恆，〈從對糖業之投資看日俄戰爭前後臺灣人資本的動向〉，《臺灣社會研究季刊》23（1996），頁83～146。

〔註8〕莊天賜，〈臨時臺灣糖務局與臺灣新製糖業之發展（1902～1911）〉（臺北：臺灣師範大學歷史學系博士論文，2011）。

〔註9〕吳育臻，〈臺灣糖業「米糖相剋」問題的空間差異（1895～1954）〉（臺北：臺灣師範大學地理學系博士論文，2003）。

〔註10〕洪致文，《珍藏世紀 臺灣鐵道——地方鐵道篇》（臺北：時報文化，2001）。

區鐵道的入門書，作者透過走訪各地區的鐵道，書寫臺灣地區支線鐵道的概況，而糖業鐵道的發展狀態也在書中具體呈現。筆者也藉由該書引導，深入了解濁水溪沿岸糖業鐵道發展的歷史脈絡。

　　李方宸〈臺灣私設鐵路與糖業鐵路（1910～1945）〉〔註11〕一文描述糖業鐵道的發展狀況，也指出臺灣私鐵里程的增減與製糖業關係密切，並述說戰爭爆發後，鐵道遭到拆除，然而文中僅舉出屏東地區的鐵道拆除一例。李方宸的碩士論文〈臺灣糖業鐵路經營之研究 1946～1982〉〔註12〕首先說明臺糖公司初期接管製糖會社的整頓工作，當一切準備就緒後，糖鐵營業線面臨嚴重的虧損，受到「製糖工業附屬經營項目」及「公營企業經營項目」影響，加上公路運輸業的競爭，致使營運業務跌入谷底。

　　張聖坤〈從運輸型態看南州糖廠轉型經營之研究——以 1968 年至 2007 年為例〉〔註 13〕是臺灣唯一以地區性糖業鐵道作為切入的論文，其利用日治時期鐵道部年報及戰後南州糖廠內部運輸業務資料量化分析，試圖解釋南州糖廠興衰的過程，並檢討南州糖廠對於轉型為觀光糖廠後經營失敗的原因，然而文中僅利用南州糖廠鐵道資料，未以臺糖通訊等專刊做為輔助，無法透析南州糖廠糖業鐵道的全貌。

　　曾世芳〈臺糖五分車的建構與轉型文化產業經營之研究—以溪湖花卉文化園區觀光小火車為例〉〔註 14〕，以觀光火車為出發點，討論溪湖糖廠透過糖業火車發展到觀光火車變遷的過程。

（三）區域研究

　　洪長源所著《溪州鄉情》〔註 15〕及《竹塘鄉情》〔註 16〕中對於溪州糖廠有不少描述，藉由回憶書寫起糖廠及糖業鐵道營運的狀況。此外洪長源、魏

〔註11〕 李方宸，〈臺灣私設鐵路與糖業鐵路（1910～1945）〉，《臺灣風物》53：3（2003），頁 73～103。
〔註12〕 李方宸，〈臺灣糖業鐵路經營之研究 1946～1982〉（臺北：國立政治大學歷史學系碩士論文，2001）。
〔註13〕 張聖坤，〈從運輸型態看南州糖廠轉型經營之研究——以 1968 年至 2007 年為例〉（屏東：國立屏東教育大學社會發展學系碩士論文，2009）。
〔註14〕 曾世芳，〈臺糖五分車的建構與轉型文化產業經營之研究——以溪湖花卉文化園區觀光小火車為例〉（雲林：雲林科技大學文化資產維護系碩士論文，2005）。
〔註15〕 洪長源，《溪州鄉情》（彰化：溪州鄉公所，1995）。
〔註16〕 洪長源，《竹塘鄉情》（彰化：竹塘鄉公所，2012）。

金絨等人編纂《二林蔗農事件：殖民地的怒吼》〔註17〕中，包含源成農場及林本源製糖場的沿革，藉由田野調查詳細考察其設立的時間、原料區的範圍、主要生產之作物，並針對農場的位置、種植面積及鐵道線的里程逐一列舉，有助於筆者釐清戰後濁水溪北岸沖積扇平原的糖業發展，但可惜的是並未以地圖來標示農場及鐵道線的位置。

　　陳鴻圖《水利開發與清代嘉南平原的發展》〔註18〕一書指出水利設施對於嘉南平原的開發具有較大貢獻，利用圖表整理出嘉南平原的水利設施，然而濁水溪的不穩定也導致南岸的土地無法建造更多的灌溉系統，使得土地多種植旱作，種植甘蔗的情形不在少數。

　　顧雅文〈八堡圳與彰化平原人文、自然環境變遷之互動歷程〉〔註19〕依時間整理濁水溪沖積扇平原北岸各埤圳分布的狀況，為此繪製彰化平原清代各埤圳位置圖，並分析這些埤圳的特色及說明埤圳未灌溉的地區，僅適合種植旱作，因此有助於筆者了解濁水溪北岸沖積扇平原的旱作發展。

　　陳國川《清代雲林地區的農業墾殖與活動形式》〔註20〕一開始針對雲林地區的自然環境作表述，並以歷史地理學分析濁水溪對於雲林地區農業發展的影響，接著藉由日治初期申報的田園統計資料探討農業墾殖的過程。陳國川另一篇的〈日治時代雲林官有原野的土地開發〉〔註21〕一文則以雲林官有原野為範圍，討論日本企業如何申請官有原野開墾，在這些資本家開墾及水利建設後，昭和時期雲林地區官有原野已開發殆盡。該文使筆者對日治時代雲林官有原野的土地開發有了初步的認識，文中引註的史料也具參考價值。

　　張素玢所著《歷史視野中的地方發展與變遷：濁水溪畔的二水、北斗、二林》〔註22〕以田野調查與史料來探討濁水溪一帶的情況，先就濁水溪的水文及河道變遷作整理，再針對日治時期的治水工程進行分析，在了解這條河

〔註17〕洪長源，《二林蔗農事件：殖民地的怒吼》（彰化：彰化文化局，2007）。

〔註18〕陳鴻圖，《水利開發與清代嘉南平原的發展》（臺北：國史館，1996）。

〔註19〕顧雅文，《八堡圳與彰化平原人文、自然環境變遷之互動歷程》（臺北：國立臺灣大學歷史學系碩士論文，2000）。

〔註20〕陳國川，《清代雲林地區的農業墾殖與活動形式》（臺北：國立臺灣師範大學地理學系，2002）。

〔註21〕陳國川，〈日治時代雲林官有原野的土地開發〉，《國立臺灣師範大學地理研究報告》33（2000.11），頁1～51。

〔註22〕張素玢，《歷史視野中的地方發展與變遷：濁水溪畔的二水、北斗、二林》（臺北：臺灣學生書局，2004）。

在地形上的發展後，接著分別針對二水、北斗、二林三鄉鎮提出議題，〈濁水溪邊際土地的開發與農村菁英的崛起〉〔註 23〕一文對濁水溪的開發提出新的認識，將研究範圍圍繞在邊際土地上，並從二林、北斗擴充到芳苑及大城沿海一帶，描寫濁水溪畔居民在邊際土地開墾的狀況，這些開墾者有不少北斗、二林的土地經營家及製糖會社的原料委員，在累積財富之後，成為地方社會上重要的菁英。《濁水溪 300 年——歷史、社會、環境》〔註 24〕以濁水溪流域為主要研究範圍，陳述 300 年來環境變遷的過程及面對的問題，然而因史料不足無法針對濁水溪以南的雲林作深入探討，為本書遺憾之處。

　　吳忠緯〈北斗：一個臺灣市鎮的興衰變遷史〉〔註 25〕乃是以北斗作為研究對象，觀察此市鎮自清領以來的發展過程，其中第四章便指出國有鐵道的開通造成北斗的沒落，但筆者透過糖業鐵道的觀察，發現北斗市街在糖業鐵道營業線通過及設站營運之後，仍維持一定的發展，顯示日治時期糖業鐵道對於北斗市街的交通具有一定的重要性。

（四）糖廠與聚落發展之研究

　　張翠宜〈月眉糖廠經營型態變遷對地方發展之影響〉〔註 26〕，以月眉糖廠為觀察對象，透過臺糖通訊、田野調查及地圖互相比對，重塑出月眉糖廠經營型態在糖業發展中由盛轉衰的變化過程及對后里地區發展的影響。月眉糖廠在 1980 年代後逐步以產業轉型等方式與地方結合，但也造成許多衝突，與虎尾糖廠有著類似的課題，筆者在研究方法上可以學習並應用。

　　許歆妮〈日治時期臺灣新式製糖工廠組成與都市發展——以虎尾、溪湖及新營為例〉〔註 27〕敘述日治時期三座糖廠之變遷，並以糖廠與都市的關係建立起都市的發展脈絡，更分析空間結構，將彼此間的關係釐清，最後以案例製成比較圖，顯示三座糖廠及其所在都市間異同之處，有助於了解整體架

〔註 23〕張素玢，〈濁水溪邊際土地的開發與農村菁英的崛起〉，收於陳慈玉主編，《地方菁英與臺灣農民運動》（臺北：中央研究院臺灣史研究所，2008），頁 389～424。

〔註 24〕張素玢，《濁水溪 300 年：歷史‧社會‧環境》（臺北：衛城出版社，2014）。

〔註 25〕吳忠緯，〈北斗：一個臺灣市鎮的興衰變遷史〉（臺北：國立政治大學歷史學系碩士論文，1997）。

〔註 26〕張翠宜，〈月眉糖廠經營型態變遷對地方發展之影響〉（新竹：國立新竹師範學院社會科教育學系碩士論文，2004）。

〔註 27〕許歆妮，〈日治時期臺灣新式製糖工廠組成與都市發展——以虎尾、溪湖及新營為例〉（臺中：逢甲大學建築所碩士論文，2010）。

構及糖廠在不同地區發展下的各種樣貌。

楊彥騏的另一本著作《虎尾大代誌》〔註 28〕主要以清領至日治時期虎尾的大事紀作為標題，簡述這些大事件對於虎尾地區的影響，內容雖重於文化史蹟，但與本研究相關的虎尾鐵橋及貨物掛等鐵道設施的描述也不少。沈文台所著《糖都虎尾：一個因糖而興，因糖而盛的市街》〔註 29〕為介紹虎尾發展史的入門書，以虎尾市街作為中心，簡述虎尾糖業發展的過程。然而前者利用大量史料作分析，彌補過去文史不足之處。後者以大眾化的書寫方式，然而較少以史料分析虎尾糖業的發展，無法深入了解日治時期的發展。

丁淑婉〈日治時期臺灣邊際土地的開發與利用——以雲林地區為例〉〔註 30〕一文，整理自日治時期於雲林地區大日本製糖會社所經營的糖業事業，透過《臺灣日日新報》、《臺灣總督府府報》補充說明當時東洋製糖會社與大日本製糖會社兩者之間原料區競爭的關係，使筆者得以參考其史料運用以解釋當時的原料區劃分。然而第三章雖對日治初期的民間會社發展狀況有所論述，但並未論述民間會社仍於日治後期仍扮演之角色，接著後章描寫嘉義新港曾氏的家族史，與主題偏離。

王怡芳〈日治時代虎尾市街的出現與成長〉〔註 31〕探討糖廠在虎尾市街的發展過程上雖占有一席之地，但文中僅以歷史地理學分析虎尾糖廠興起之原因，且只針對土庫及虎尾兩市鎮作比較，為此文不足之處。文中也不乏作者所繪原料區地圖，然此論文至今已有十年之久，筆者遂參考其資料出處，並重新繪製，再次檢視當時大日本製糖會社原料區的範圍。

高乙瑄〈虎尾糖廠對型塑「糖都虎尾」糖業文化的影響〉〔註 32〕以虎尾糖廠為出發點呈現出虎尾糖廠對於地方文化產業的貢獻，其中第三章第一節描述糖業鐵道的分布情形，然而糖業鐵道的變遷絕非一節所能描述完，日治時期銜接戰後的鐵道分布情形也未於本節說明，雖有進行田野調查等相關工作，然僅侷限於虎尾市區，並未擴及整個雲林地區，以及未對於虎尾糖廠連

〔註 28〕楊彥騏，《虎尾的大代誌》（雲林：雲林縣文化局，2003）。

〔註 29〕沈文台，《糖都虎尾：一個因糖而興，因糖而盛的市街》。

〔註 30〕丁淑婉，〈日治時期臺灣邊際土地的開發與利用——以雲林地區為例〉（臺北：淡江大學歷史學系碩士論文，2009）。

〔註 31〕王怡芳，〈日治時代虎尾市街的出現與成長〉（臺北：國立臺灣師範大學地理學系碩士論文，1999）。

〔註 32〕高乙瑄，〈虎尾糖廠對型塑「糖都虎尾」糖業文化的影響〉（臺北：國立臺北教育大學社會科教育學系碩士論文，2007）。

接至其他雲林糖廠的關聯性做實質研究，實屬可惜之處。

　　胡愷婷〈虎尾糖廠與市街紋理永續保存之探討〉〔註33〕以虎尾糖廠及其周邊的古蹟進行研究分析，包含日治時期宿舍、虎尾驛、虎尾鐵橋等建築。然而討論的重點主要以虎尾市街中的古蹟分布為主，包括糖業鐵道的相關設施，區域外的糖業鐵道遺跡不在其探討範圍內。

三、研究方法與史料

　　本文採歷史學研究法，以一手史料為主，口述訪談為輔，將資料整理分類，運用於論文中。比較南北兩岸濁水溪沖積平原土地利用的情形，主要以《臺灣總督府府報》及《臺灣總督府統計報告書》為基礎，再利用《臺灣堡圖》中的水旱田分布狀況，檢視製糖場在建立後旱園逐漸轉為甘蔗原料區的情形？透過濁水溪兩岸沖積平原的比較中更可顯示出當時土地利用狀況的異同。

　　糖業鐵道資料特別針對日治時期地圖及《臺灣總督府鐵道部年報》，以還原當時糖業鐵道之分布。戰後則以《彰化縣志稿》、《雲林縣志稿》交通相關部分為依據，配合雲林縣、彰化縣地方誌及地圖進行補充。此外，濁水溪沿岸之鄉鎮市公所及臺糖公司所發行的專刊，也是史料參考的重點，可確實掌握三座糖廠的狀況，接著經由論文及期刊等相關資料分析，輔以田野調查及實地訪查。

　　在口述訪談的部分，主要針對濁水溪沖積平原南北岸各鄉鎮耆老及日治時期或戰後擔任糖廠的職員作為訪問對象，如：原料委員後代、虎尾站站長、溪湖及虎尾糖廠司機，其中不乏有文史工作者或鐵道學者，如：洪長源、許乃懿。當時的糖業鐵道運輸狀況及濁水溪沖積平原兩岸發展情形，透過口訪紀錄做歷史記憶的探究，更能提供日治時期至戰後交通史及糖業發展史重要的口述依據。

　　筆者也蒐羅日治時期至戰後各時期的糖業鐵道分布圖，配合臺糖刊物及鐵道部年報重新以繪圖的方式，呈現各時期的鐵道分布狀況，並以各時期的鐵道分布圖解釋期變動的情形，以了解濁水溪南北岸糖業鐵道的興衰。

　　本文所使用的史料依時期分為清代及日治時期、戰後，清代及日治時期

〔註33〕胡愷婷，〈虎尾糖廠與市街紋理永續保存之探討〉（臺北：國立臺北藝術大學建築與古蹟保存碩士論文，2010）。

各細分四類，分別為官方資料、學術研究、報章雜誌及電子資料庫，而戰後則分為官方資料、地方史志、糖廠內部出版品及報章雜誌、地圖資料。

（一）清代及日治時期

1、官方資料

官方資料主要為《諸羅縣志》、《彰化縣志》、《臺灣采訪冊》、《雲林縣采訪冊》、《北斗郡大觀》、《北斗郡概況》、《虎尾街要覽》、《虎尾庄治概要》，閱讀以上資料能初步認識北斗郡及虎尾郡的歷史發展；《臺灣糖業概觀》、《臺灣株式年鑑》、《臺灣海陸交通運輸便覽》、《臺灣私設鐵道業務研究會議事錄》、《臺灣總督府鐵道部年報》等公文書，提供糖業及鐵道經營之狀況；有關製糖會社內部出版著作，如《大日本最近二十五年史》、《大日本製糖株式會社臺灣之社概況（1937、1940）》、《鹽水港製糖株式會社 社業概況》作為研究日治時期虎尾製糖場、林本源製糖場（1927 年更名為溪州製糖場）在農場經營各方面的有其重要的研究價值。

2、學術研究成果

日治時期也不乏有學者對於臺灣經濟發展深入研究，矢內原忠雄的《日本帝國主義下の臺灣》為重要臺灣經濟研究之代表作，以當時經濟政治學的立場來分析日本之所以獨佔糖業資本的背景，也加速新式製糖業的發展，以此架構下可檢視出新式糖廠的出現帶出日本現代化的表徵。此外，《糖業禮讚》、《臺湾ニ於ケル某製糖會社ノ農場經營ニ関スル調査》也為日治時期糖業發展的研究之一。

3、報章雜誌

日治時期的報章雜誌則有不少製糖會社的資料，如官方出版的《臺灣總督府府報》、《官報》、《臺中州報》、《臺南州報》、《臺灣日日新報》及民間的《臺灣民報》、《臺灣新民報》等，透過以上報紙得知日治時期糖業鐵道及農場的經營狀況。《農業試驗報告》、《臺灣鐵道》可進一步具體了解官方在各時期對糖業及糖業鐵道做的調查及分析。

4、電子資料庫

以中央研究院地理資訊科學研究專題中心所開發的「臺灣百年歷史地圖」及臺灣圖書館所建置的「日治時期期刊全文影像系統」、「日治時期圖書全文

影像系統」、「臺灣日治時期統計資料庫」作為電子資料庫來幫助筆者在製圖及資料查詢上能更順利的運用。

（二）戰後

1、官方資料及檔案

中華民國交通部交通研究所編的《交通年鑑》，提供每年臺灣地區交通的狀態，內容包括陸海空的交通資訊，而陸地上的交通更包括臺鐵、糖鐵、公路的規劃以及當時情況，糖鐵的課題正是本研究所關注的相關內容。《臺灣省政府公報》、《彰化縣議事錄》、《雲林縣議會錄》中也不乏包含糖業鐵道相關法令的發布及議員建請的會議紀錄。

此外，公家機關也藏有與臺糖公司之間有關糖鐵的往來文件，包括：中央研究院近代史研究所藏《資源委員會檔案》及《國營事業司檔案》、國史館藏《資源委員會檔案》、國史館臺灣文獻館藏《省級機關檔案》、國家發展委員會檔案管理局藏《臺灣糖業股份有限公司檔案》、《交通部臺灣鐵路管理局檔案》等，自檔案的爬梳中，更能看出臺糖每個時期對於糖鐵經營方向的異同。

2、地方史志

在雲林方面，《雲林縣志稿》〔註34〕第 4 卷的部分以交通為主要議題，不乏有公路及鐵道兩方面的介紹，其中鐵道又分為國有鐵道及糖業鐵道，糖業鐵道部分則以表的方式呈現，指出各糖鐵路線的里程數，而此里程數也被其他鄉鎮市志包括《西螺鎮志》〔註35〕作為引用，《新修西螺鎮志》〔註36〕也補充舊志中的不足，對於濁水溪河畔的西螺有著全新的認識，西螺大橋的建立促使南北兩岸的糖業鐵道因此連結，對於糖業鐵道方面的資料也有所補足。在彰化方面，主要以與濁水溪相鄰的鄉鎮市志所編志書作為研究對象，其中不乏有關糖業的部分，如《北斗鎮志》〔註37〕、《二林鎮志》〔註38〕、《溪湖鎮志》〔註39〕、《田中鎮志》〔註40〕等，均為田野調查深入民間所採訪到的珍

〔註34〕仇德哉主修、鄒韓燕等纂，《雲林縣志稿・卷四》（臺北：成文出版社，1983）。
〔註35〕程大學總主編；呂建孟等撰稿，《西螺鎮誌》（雲林：西螺鎮公所，2000）。
〔註36〕張素玢總纂，《新修西螺鎮志》（雲林：西螺鎮公所，2016）。
〔註37〕洪參民、張哲郎總纂，《北斗鎮志》（彰化：北斗鎮公所，1997）。
〔註38〕洪麗完總纂，《二林鎮志》（彰化：二林鎮公所，2000）。
〔註39〕蔣敏全總纂，《溪湖鎮志》（彰化：溪湖鎮公所，2012）。
〔註40〕謝瑞隆總纂，《田中鎮志》（彰化：田中鎮公所，2014）。

貴史料，對於筆者了解濁水溪北岸彰化地區糖業史料提供不少幫助。《新修彰化縣志‧地理志》〔註41〕對於彰化地區濁水溪也特別以一節來分析及整理，雖無針對當地土地利用情況做詳細的描述，但對於濁水溪於彰化的地理型態提出濁水溪沿岸獨一無二的旱地特質。虎尾鎮公所發行《虎尾鎮開發史》〔註42〕，對於研究虎尾區域發展有所幫助，其中第五章虎尾糖廠及虎尾鐵橋的介紹，有助於了解從日治時代到政府遷臺後的虎尾糖廠。

雲林縣政府出版的《雲林縣發展史》〔註43〕呈現戰後糖業鐵道在接收後在運輸及調配上已便利社會及繁榮鄉村經濟。此外，在糖業鐵道衰弱上指出由於臺灣汽車運輸業的發達，使鐵道運輸相對的減少，最終被迫停業。最後也附上境內行駛的路線，有利於筆者對雲林縣地區糖業鐵道的了解。

3、糖廠內部出版品及報章雜誌

臺糖公司所發行之期刊《臺糖通訊》是由於各糖廠間距離甚遠，故通過此一刊物來進行連繫，使消息及溝通更能快速，糖廠間的關係也更為密切。而發行的年代始於1947年，刊物中收入每一座糖廠糖業鐵道的相關資訊，特別是早期的糖業鐵道資料尤多，內容多是臺糖人員透過專業知識分析糖鐵當時面臨的問題及解決方式，顯示其具有重要性，並作為本論文的主要一手史料，而《蔗報》則是臺糖與蔗農之間的橋樑，作為宣導蔗農如何種蔗及發布相關注意事項的媒介。臺糖公司發行的《臺糖三十年發展史》〔註44〕、《臺糖四十年》〔註45〕、《臺糖五十年》〔註46〕、《臺糖六十週年慶紀念專刊——臺灣糖業之演進與再生》〔註47〕、《臺糖七十週年紀念專刊》〔註48〕等專書，皆為探討自臺糖公司於1946年開創以來的經過。《臺糖三十年發展史》敘述1946年政府來臺到1976年的臺糖發展情形陳述，內容包括臺糖各糖廠重要發展經過，記錄虎尾糖廠引進310蔗種及製糖設備更新等事件。《臺糖四十年》、《臺糖五十年》二書針對1976年後的10年及20年紀錄，尤其在推動農場作業機

〔註41〕黃秀政總纂，《新修彰化縣志‧地理志》（彰化：彰化縣政府，2014）。
〔註42〕雲林縣虎尾巴文化協會編纂，《虎尾鎮開發史》（雲林：虎尾鎮公所，2006）。
〔註43〕雲林縣發展史編纂委員會編輯，《雲林縣發展史》（雲林：雲林縣政府，1997）。
〔註44〕羅翁之等編，《臺糖三十年發展史》（臺北：臺灣糖業有限公司，1976）。
〔註45〕蔣渝等編，《臺糖四十年》（臺北：臺灣糖業有限公司，1986）。
〔註46〕臺灣糖業有限公司編印，《臺糖五十年》（臺北：臺灣糖業有限公司，1996）。
〔註47〕臺糖60週年慶籌備委員會編輯組，《臺糖六十週年慶紀念專刊：臺灣糖業之演進與再生》（臺南：臺灣糖業股份有限公司，2006）。
〔註48〕蕭光宏，《臺糖七十週年紀念專刊》（臺南：臺灣糖業股份有限公司，2016）。

械化以及改建辦公大樓方面，詳述臺糖在營運上的狀況。《臺糖六十週年慶紀念專刊》提出糖廠未來以觀光事業發展為主，另外也開創生物科技、量販事業等，這顯示出過去的糖業王國已不是主流，而是透過轉型來改善經營狀況。《臺糖七十週年紀念專刊》一書在運務方面中雖依循前四本週年紀念集的論述，但在糖業制度的章節則從制度史的角度論述糖業發展的過程，包含原料委員制度的推行及功能，提供筆者對日治至戰後的糖業發展有基礎的認識。筆者也透過私人蒐藏家取得有關糖鐵於 1970～1990 年之間臺糖內部的《運輸業務資料》，經由這段時間的統計資料分析後，比較出糖業鐵道客運晚期虎尾及溪湖兩糖廠的情況。

除臺糖公司發行的專書及期刊外，也利用《民報》、《聯合報》、《臺灣民聲日報》、《中國時報》、《商工日報》、《經濟日報》等報章雜誌，透過新聞資料的補充可更確實掌握各時期糖業鐵道對於地方的脈動。

4、地圖資料

糖廠鐵道分布圖對於筆者編寫論文也是重要的資料，因此以三座糖廠鐵道分布圖為中心進行蒐羅，溪州糖廠雖於 1954 年併入溪湖糖廠，然筆者有幸取得曾擔任溪湖糖廠運輸課的課長提供 2002 年糖廠鐵道分布圖、溪湖糖廠文物館所藏 1977 年〈溪湖糖廠區域圖〉、1977 年〈臺糖溪湖糖廠鐵道平面圖〉、〈臺糖溪湖糖廠鐵道分布圖〉、《臺灣糖業公司溪州糖廠概況》中的 1947 年〈線路平面圖〉等地圖資料以及近史所檔案館的 1950 年〈溪州糖廠鐵道線路佈置圖〉。在虎尾糖廠方面則包含 1977 年〈臺糖虎尾糖廠鐵道平面圖〉、〈臺糖虎尾糖廠鐵道分布圖〉，1945 年國民政府接收時的〈大日本興業株式會社糖業鐵道分布圖〉。在戰後的地圖資料中也參照聯勤於 1953 年的〈五萬分之一地形圖〉及 1956 年〈二十五萬分之一地形圖〉，以地圖進行疊圖後，可大致看出二戰前後鐵道分布的輪廓。

然而本研究仍有以下限制，其一因日治至戰後部分的糖業鐵道地圖取得不易，特別是 1925～1956 年虎尾糖廠鐵道相關分布圖未有，日治時期僅能透過《鐵道部年報》及 1956 年〈二十五萬分之一地形圖〉重繪，戰後則以《臺糖通訊》輔以口述訪談及 1956 年〈二十五萬分之一地形圖〉進行比對，再重繪之。其二，糖廠內部資料取得不易，一方面因糖廠內部封閉，鐵道相關資料受國防影響列為機密，甚至包含糖鐵統計資料，另一方面，日治時期糖廠保存資料不易，戰後常堆於倉庫內，不免因火災或水災遭損毀，或因糖廠關

閉時，內部資料因佔空間，多為贈予或賣予收藏者、鐵道迷。

章節安排

緒論
第一章　農業環境與日治初期的製糖業
　　第一節　農業環境與蔗作的生長條件
　　第二節　日治初期製糖業的經營
第二章　糖業鐵道與地方經濟之發展
　　第一節　濁水溪下游糖業鐵道的開闢
　　第二節　糖鐵營業線的多元收益
　　第三節　糖鐵專用線的運輸
第三章　糖業鐵道經營面臨的挑戰
　　第一節　公路運輸的衝擊及製糖會社的應對
　　第二節　糖業鐵道運輸的復甦
　　第三節　戰爭下拆除的糖業鐵道
第四章　戰後糖業鐵道的重構、盤整及衰微
　　第一節　糖業鐵道的接收與復舊
　　第二節　臺糖鐵道的經營
　　第三節　臺糖與糖業鐵道的沒落
結論

　　本論文除緒論及結論外，計分為 4 章。

　　第一章農業環境與日治初期的製糖業以清末濁水溪兩岸甘蔗之情況帶入主題，分別由地形與氣候、水文與水利分析濁水溪下游是否適合種植甘蔗。日治初期，陳述自舊式糖廍、改良糖廍至會社製糖場發展的過程。

　　第二章糖業鐵道與地方經濟之發展主要描述日治時期 1930 年以前糖業鐵道在濁水溪南北岸的發展，「濁水溪下游糖業鐵道的開闢」論述糖業鐵道這套運輸系統如何從外國移入臺灣的過程及興建初期面臨的困難。「糖鐵營業線的多元收益」探討濁水溪沿岸在四家製糖業者的經營下，除興築起數條糖業鐵道運輸製糖原料甘蔗，也提供一般客貨運，還兼有觀光、宗教及農產等多元效益。「糖鐵專用線的運輸」則是以原料、農場、鐵道的分布圖檢視三者之間的關係，並指出日本移民村也以糖業鐵道為交通網絡的情形。

　　第三章糖業鐵道經營面臨的挑戰針對 1930 年以後，糖鐵客運面臨的問題作探討。第二節「糖業鐵道運輸的復甦」指出 1937 年中日戰爭爆發後，糖業鐵道的客貨運又再度復甦的原因。第三節敘明二戰末期時鐵軌拆除的狀況。

　　第四章戰後糖業鐵道的重構、盤整及衰微第一節論述戰後國民政府接收的糖業復舊計劃。第二節討論國民政府遷臺後，臺糖對於糖業鐵道的經營方式。第三節以外在因素及內在因素分析糖鐵衰微的主要原因。

第一章　濁水溪下游的農業環境與日治初期的製糖業[註1]

　　蔗作的發展可上溯至荷蘭東印度公司在臺灣的推廣，明鄭時期雖仍有種植，但清領初期由於價格較米高，加上粗放式的經營，種植面積變得相當廣。[註2] 在史料中可發現不少記載，如藍鼎元的《東征集》「登岸旱田百餘里，夾道蔗林」、「臺民以蔗為生，糖貨之利上資江浙」[註3] 顯示出甘蔗種植的普遍性。甘蔗之所以這麼適合種植在臺灣，研究者多歸因於來臺漢人旺盛的企業精神，[註4] 透過一田多主等土地制度來獲得土地投資及經營方法，[註5] 加上臺灣種植甘蔗的環境與製糖技術，優於大陸東南沿岸，其附加價值也高於其它作物，促使蔗作成為臺灣經濟作物之一。[註6] 甘蔗種植的地區多以臺灣南部為主，是由於甘蔗的種植需考慮其必須在日照時數高、年均溫為 24～25 度、肥沃的土壤以及濕度介於 65～75%之間，[註7] 才適合甘蔗的種植，

[註1] 本章雲林部分收錄於黃儒柏，〈日治初期雲林地區製糖業的發展（1905～1912）〉，《雲林研究》（2015），無頁碼。

[註2] 溫振華，〈清代臺灣漢人的企業精神〉，收錄於《臺灣史論文精選》（臺北：玉山出版社，1996），頁 336。

[註3] 藍鼎元，《東征集》（1723），收於臺灣銀行經濟研究所，臺灣文獻叢刊第 12 種（臺北：臺灣銀行經濟研究所，1958），頁 2。

[註4] 溫振華，〈清代臺灣漢人的企業精神〉，頁 337。

[註5] 施添福，《清代在臺漢人的祖籍分布和原鄉生活方式》（臺北：國立臺灣師範大學地理系，1987），頁 106～118；132～151。

[註6] 陳國川，《清代雲林地區的農業墾殖與活動形式》（臺北：國立臺灣師範大學地理系，2002），頁 3。

[註7] 吳育臻，〈臺灣糖業「米糖相剋」問題的空間差異（1895～1954）〉（臺北：國立臺灣師範大學地理學系博士論文，2003），頁 71～74。

在具備以上條件下，臺灣南部遂成為荷蘭時期至清代甘蔗的重要產區。而濁水溪沖積扇平原正位於臺灣的中部，其是否也有利於蔗作的栽培，筆者將於以下進行論述。

第一節 農業環境與蔗作的生長條件

濁水溪是彰化、雲林地區的分野，在清代已有蔗作種植，《彰化縣志》可見其相關記載，如：「剉蔗為糖，至三、四月乃止」、「蔗林風起作潮聲」。〔註8〕到底此地區的農業環境如何呢？是否有利於蔗作？筆者以濁水溪下游的地形與氣候及水文與水利發展作分析。

一、地形與氣候

在地理上，濁水溪所形成的沖積扇平原座落在彰化隆起平原及嘉南隆起海岸平原之間（見圖1-1），濁水溪沖積扇平原之所以形成，係由濁水溪上游夾帶沖積物，進入較平坦地區後，經過長時間的堆積而成，也由於地面的起伏強烈，造成微地形，以致適逢降雨強度過高，或雨季過於集中時，雨水常匯窪地，宣洩不易。這不僅造成作物根莖頻遭浸腐，土壤質地也將因積水不退而惡化。加上自中央山脈沖刷下來的土壤中夾帶可溶性鹽類，屬鹼性土，據1910～1911年間的調查，濁水溪以南、新虎尾溪以北、西螺以東的地區，都是可溶性鹽土的分布區。如可溶性鹽土鹽類含量超過0.4%以上時，對作物的發育將產生不利影響。澀谷紀三郎指出這些土壤會造成水稻染上黃熱病、降低甘蔗的糖分含量、甘藷中的澱粉蓄積減弱等，這造成清代濁水溪沿岸農業生產效率不高。〔註9〕甘蔗的糖分雖降低，但甘蔗的特性強大的根系，能抓取疏鬆具硬性的可溶性鹽土，有益於其他旱作植物，成為旱地輪作的重要作物之一。在西螺地區因地勢高較不容易受到洪災侵擾，加上自中央山脈沖積下來的板岩沖積土經過時間的累積，形成黑色質地黏稠的土壤，多呈現中性至微鹼反應，石灰及鎂的含量頗高，磷肥及鉀肥也較高，〔註10〕生產力較豐，

〔註8〕周璽主修，《彰化縣志》（1836），收於臺灣銀行經濟研究所，臺灣文獻叢刊第
　　　　156種（臺北：臺灣銀行經濟研究所，1962），頁290、416、482。
〔註9〕澀谷紀三郎，〈亞爾加里土壤中可溶性鹽類の集積狀態に就て〉，《農業試驗報
　　　　告》97（1916），頁30。
〔註10〕沈宗翰，《臺灣農業之發展》（臺北：臺灣商務印書館，1963），頁17、20。

適合種植稻作。〔註11〕

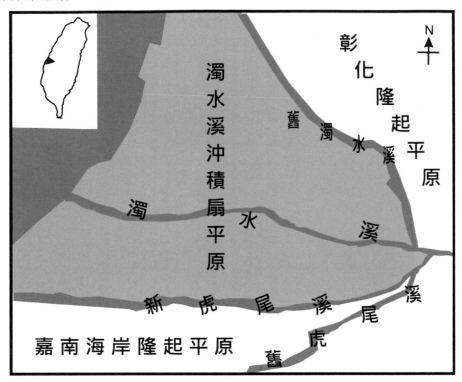

圖 1-1　濁水溪沖積扇平原地形圖（筆者自繪）

　　甘蔗的栽培與臺灣的氣候息息相關，根據陳正祥《糖業地理》一書中指出：「北半球從五月到十月之間為甘蔗主要的生長期，其中，氣溫要高，雨量多而分配平均，每週應下雨 50 至 75 公釐，忌有狂風暴雨，也不宜連續乾旱。至收穫前一個月，雨水逐漸減少，氣溫也略為降低，以阻止植株的繼續生長而促使充分成熟。在收穫期間，應有比較乾燥的天氣。」〔註12〕在以上的條件下，臺灣雖有氣溫與降雨的配合，但夏季多颱風，冬季東北季風強勁，以致發展甘蔗作物不利，然而位於臺灣中部的濁水溪南北岸，對於種植甘蔗而言，濁水溪南北岸的位置剛好位於中央山脈西側，甘蔗的種植受到中央山脈的阻擋，不論是夏季的颱風及冬季的東北季風，影響的狀況都較小，在此條件下濁水溪南北岸的氣候成為種植甘蔗重要基礎。

〔註11〕程大學纂修，《西螺鎮志》（雲林：雲林縣西螺鎮公所，2000），頁 2～14。
〔註12〕陳正祥，《糖業地理》（臺北：敷明臺灣地理研究所，1954），頁 5。

二、水文與水利發展

　　濁水溪是臺灣最長的河流，它的下游橫跨了彰化、雲林兩個縣市，也對這兩縣市影響至深，特別是在農業上，如彰化隆起海岸平原的八堡圳引濁水溪灌溉農田，但從清代文獻記載中指出，濁水溪在沿岸（濁水溪沖積扇平原）帶來無常的災害，也造成多次的變動，如：「嘉慶 7 年（1802）溪水（指濁水溪）又再度氾濫，復沖出他里霧上一溪，由鹿藔出笨港（現今北港），又以新虎尾名焉。」〔註 13〕根據張瑞津的研究指出，濁水溪因含沙量大，兩岸分布許多沙丘，不僅數量眾多，且規模也相當龐大。〔註 14〕這樣的沙丘堆積的現象造成地形上的不平坦，對傳統農業也具有相當影響，特別是水田化的不易，土地水田化的先決條件是興築水利，由於地面凹凸起伏大，以致開埤築圳有實質性困難。據陳國川指出「困難之一是，早期埤圳的流水，完全以「重力流」〔註 15〕的形式運動，因此，在高低起伏強烈的地表築圳，圳道必須沿著高丘繞行，不但大幅增加修圳的成本，也常因距離拉長，蒸發滲漏增加，而減少圳水的使用率；困難之二是由於地面高低不平，以致陂圳築成以後，一些地面比埤圳水面高的田園，常因提水方式完全仰賴役獸、人力，取水灌田倍感困難。」〔註 16〕

　　在以上的條件下，故筆者將顧雅文《八堡圳與彰化平原人文、自然環境變遷之互動歷程》及陳國川《清代雲林地區的農業墾殖與活動形式》中對於濁水溪沖積扇水圳的資料作整理，並論述濁水溪沿岸地區的旱田多過於水田的情形。

　　濁水溪北岸的彰化隆起平原自康熙 58 年（1719），清代臺灣最大的水利工程完成之後，灌溉區域的土地生產力大增，大致以二水到鹿港分為南、北兩區，形成兩極化發展，彰化北區為農墾的精華區，彰化南區的濁水溪沖積扇平原，雖然有莿仔埤圳、永基圳、深耕圳等水圳灌溉，但仍因濁水溪屢次氾濫，使得這些水圳常年整修，甚至因經費不足而少修繕。不僅如此，水患與沙害區面積也擴大，成為難以開發的邊際土地，流域內的住民性命則受到

〔註 13〕陳國瑛主修，《臺灣采訪冊》（1830），收於臺灣銀行經濟研究所，臺灣文獻叢刊第 55 種（臺北：臺灣銀行經濟研究所，1962），頁 14。

〔註 14〕張瑞津，〈濁水溪沖積扇河道變遷之探討〉，《地理學研究》7：85（1985），頁216～219。

〔註 15〕由重力而引起的水流或氣流，多用於物理學的範圍內。

〔註 16〕陳國川，《清代雲林地區的農業墾殖與活動形式》，頁 13。

嚴重威脅，[註 17] 對於種植農作物是不良的，並成為彰化地區聚落最稀疏的區域。[註 18]

依據顧雅文《八堡圳與彰化平原人文、自然環境變遷之互動歷程》所整理的彰化平原各埤圳建置開發的情形中，可發現位於濁水溪北岸沖積扇平原的埤圳共 13 座（見圖 1-2），主要是永基圳、莿仔埤圳、深耕圳，並具有以下特色，其一，早期的埤圳多集中在彰化海岸隆起平原，引濁水溪或其支流的水源充做灌溉，而位於濁水溪北岸沖積扇平原，開成圳道的時間最晚。顧雅文推測在地理條件上，濁水溪北岸沖積扇平原為彰化平原最低的位置，比降也較小，使得本區地勢低平，亂河橫生，排水不良容易積水，近海一帶還有洪水之患，加上在土壤方面，土質多沙，貧瘠而含水性差，不利於稻作，開圳之利事倍工半，所以開發時間較晚。[註 19] 其二，埤圳完工年代多以雍正至嘉慶為主，自雍正永基圳開成後，一路分別有鹿寮圳、下溪墘圳，乾隆年間的深耕仔圳、莿仔埤圳、三分圳、七分圳，嘉慶年間的廣興圳、新興圳、新耕圳、信義圳、舊耕圳、永豐圳。由於環境較佳的地區開發已達飽和，嘉慶以降便再無鑿圳的記載，指出濁水溪沖積扇平原拓墾新地的過程至此已完成。其三，除莿仔埤圳外，埤圳多聚集於濁水溪北岸沖積扇平原西邊，因濁水溪北岸沖積扇平原中央地區地面凹凸起伏大，導致建造水圳不易，水田化低下，在旱地的環境中，種植旱作的機會也較高。而莿仔埤圳則是灌溉東螺東保西畔莊、圳寮莊直至東螺西保，為清初灌溉地方的重要埤圳之一，然而初始功能有限，且僅限於上游部分，[註 20] 由於此區域如遇枯水期，時有缺水現象，下游各圳情形更嚴重，直到日治初期莿仔埤圳才有更具規模的開鑿。其四，無較大規模的埤圳設施，這些埤圳均是透過濁水溪進行引水，如碰到缺水期，這些埤圳將無法提供引水功能，加之，這些埤圳規模較小，灌溉面積有限，使得較內陸的地區無

[註 17] 張素玢，〈濁水溪邊際土地的開發與農村菁英的崛起〉，收於陳慈玉主編，《地方菁英與臺灣農民運動》（臺北：中央研究院臺灣史研究所，2008），頁 389～390。

[註 18] 施振民，〈祭祀圈與社會組織——彰化平原聚落發展模式的探討〉，《中央研究院民族所集刊》36（1973），頁 193。

[註 19] 顧雅文，《八堡圳與彰化平原人文、自然環境變遷之互動歷程》（臺北：國立臺灣大學歷史學系碩士論文，2000），頁 68。

[註 20] 洪長源，《溪州鄉情》（彰化：溪州鄉公所，1995），頁 205～206。

法獲得足夠之水源。

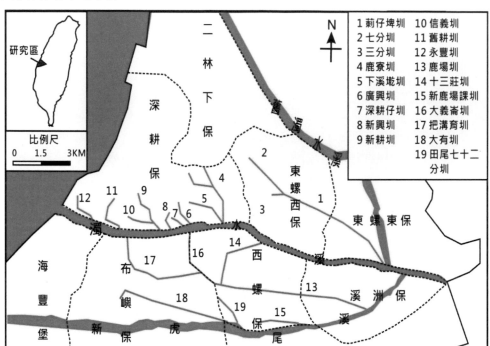

圖1-2 濁水溪沖積扇平原南北岸清代各埤圳位置圖

資料來源：顧雅文，《八堡圳與彰化平原人文、自然環境變遷之互動歷程》，頁65；陳
　　　　鴻圖，《水利開發與清代嘉南平原的發展》，頁76～87。

說明：（1）堡界以中研院人社中心所設置的臺灣百年歷史地圖中1895年臺灣堡圖所
　　　　　繪。

　　　（2）由於打馬宸埤於嘉慶元年（1796）之前已消失，故不放入此圖內。

　　在18世紀後，彰化平原最大的水利設施施厝圳完工，使得原本的荒埔、
蔗園、鹿場被水田取代，其南引濁水溪的流量來灌溉平原三分之二的冬季缺
水地區，確實保障精耕細作的水田農業發展，其規模之大與嘉南平原小型的
灌溉圳道迥然相異。然而施厝圳雖然灌溉平原三分之二的土地，卻無法影響
濁水溪沿岸河埔地的灌溉，因其灌溉渠道在地理位置上呈現45度角，相對於
濁水溪北岸沖積扇平原地區而言，水源的灌溉是不夠的，這些地區仍維持荒
埔、蔗園、鹿場的狀態。以上的因素使得濁水溪北岸沖積扇平原的土地不利
於種植水田作物，轉而從事旱作，種植甘蔗不少。因此直至清末，濁水溪北
岸沖積扇平原旱田的分布狀況比水田來的多。

　　濁水溪南岸沖積扇平原的水圳也具備與濁水溪北岸沖積扇平原水圳的特徵，據陳鴻圖透過史料比對統計後，發現濁水溪南岸沖積扇平原於清代共築 8 座埤圳（見圖 1-2），[註21] 這 8 座埤圳具有三項特色：其一，8 座埤圳中埤為 3 座、圳為 5 座，[註22] 雖然平均，但會發現自清初至清末，大多是由原本的埤改造成圳，如：康熙西螺引引莊埤至光緒年間已建設為十三莊圳，這現象顯示清代初年引水灌田功能不足有關。其二，8 座埤圳中，築於嘉慶元年（1796）以前者，有大有圳、田尾順興庄七十二分圳、把溝育埤（又稱八佾圳、八佾溝、把育溝）、打馬辰埤（嘉慶年間已消失）、鹿場圳、西螺引引莊埤，築於光緒年間者有大義崙圳、十三莊圳、新鹿場課圳，顯見雲林地區在清朝中葉，近百年左右，墾民對耕地水田化的努力處於停滯狀態，也有如鹿場圳的開鑿，自清康熙 53 年（1714）溪洲保饒平厝（今為莿桐鄉饒平）、孩沙里一帶已有打馬辰埤，但因河道變遷使埤道常年修築，造成莿桐、西螺南面一帶經常無水灌溉，[註23] 直至清嘉慶元年（1796）張方大及幾位富戶合股共資重新整建，鹿場圳（道光年後稱鹿場課圳）才完成，[註24] 未能持續灌田的狀況下，對於農作物影響甚巨，將使農作物退回旱作種植。其三，最主要的水圳集中在西螺一帶，分別是西螺十三莊圳、鹿場課圳、大義崙圳，大義崙圳更是流灌西螺保 1,000 餘甲地，顯示西螺保作為濁水溪及新虎尾溪之間重要水田化的地區，並成為中部地區重要的糧倉，但無水圳灌溉的地區僅能維持旱作的種植，無法如西螺地區種植水田作物。

　　埤圳的興築也反映在清代的田園面積上，依據陳秋坤於〈臺灣土地的開發〉整理的康熙年間諸羅縣田園面積來看，康熙 23 年（1684），田有 970 甲，園則佔 3,873 甲，[註25] 顯示出園多於田的狀況，日學者森田明指出水田必須

〔註21〕陳鴻圖，《水利開發與清代嘉南平原的發展》（臺北：國史館，1996），頁 76～87。

〔註22〕埤、圳的分別主要依《諸羅縣志》中的「凡築堤潴水灌田者，謂之埤，疏鑿溪泉引以田者，謂之圳」作為依據；埤灌田面積小，圳灌田面積大，引自周鍾瑄主修，《諸羅縣志》（1717），收於臺灣銀行經濟研究所，臺灣文獻叢刊第 141 種（臺北：臺灣銀行經濟研究所，1962），頁 31～32。

〔註23〕黃儒柏，〈雲林縣鹿場課圳修築沿革史〉，《雲林文獻》56（2014），頁 71。

〔註24〕臺灣省建設廳水利局編，《臺灣省水利要覽》（臺北：臺灣省建設廳水利局，1948），頁 220。

〔註25〕陳秋坤，〈臺灣土地的開發〉，《臺灣史論叢》第一輯（臺北：眾文，1980），頁 171。

配合水圳的開發，比種蔗來的困難，特別是最普遍於臺灣種植的竹蔗，其極少施肥，灌溉僅賴天雨，幾乎不用人為的設施，在少雨的彰化平原來看，較為保障農民所獲得的利益。〔註26〕除此之外，光緒 20 年的《雲林縣采訪冊》中，雲林地區墾田 135.30 平方公里、園 350.28 平方公里，但因無各保的分別統計，〔註27〕所以以日本領臺後隔一年 1896 年申報的田園面積〔註28〕作為清末土地開發的基礎進行分析。

　　根據農民向總督府申報的田園資料得知，至清末為止，雲林地區濁水溪至新虎尾溪之間的各堡分別有海豐堡、布嶼堡、西螺堡、溪洲堡，其中以西螺堡、布嶼堡二堡的墾田數最多，佔四堡一半以上，海豐堡、溪洲堡墾田數則相對來的稀少，佔 8.05％及 13.79％，在耕地率方面，地區差異性相當明顯。此外，在水田化程度方面，地區差異更顯著，這四堡中水田率最高的為西螺堡，高達 73.72，耕地中四分之三是水田，而其他地區均小於 20％，海豐堡更僅為 0％，總體而言，水田化較高的地方多分布於西螺堡與布嶼堡之間，其他兩堡幾乎以旱園為主。

表 1-1　濁水溪南岸沖積扇平原土地開發的地區差異（1896）

堡	A.土地面積（平方公里）	耕地面積（平方公里）			耕地率（D/A）％	水田率（B/D）％
		B. 田	C. 園	D. 計		
溪洲堡	102.70	1.17	12.85	14.02	13.65％	8.34％
西螺堡	64.77	30.41	10.84	41.25	64.37％	73.72％
海豐堡	192.75	0	15.36	15.36	7.97％	0％
布嶼堡	333.84	9.30	32.31	41.61	12.46％	22.35％

資料來源：1.各堡土地面積：臺灣總督官房統計課（1900），《明治三十一年台灣總督府第二統計書》（臺北：臺灣總督府民政部文書課，1901），頁 4～17；2.各堡耕地面積：〈地目甲數調〉，《明治三十一年臺灣總督府公文類纂》，1898年 7 月 4 日，第 31 卷，第 290 冊，第 6 號。整理自陳國川，《清代雲林地區的農業墾殖與活動形式》，頁 62。

〔註26〕森田明，〈清代臺灣中部の水利開發〉，《清代水利史研究》（東京：亞紀書房，1974），頁 504。

〔註27〕倪贊元主修，《雲林縣采訪冊》（1894），收於臺灣銀行經濟研究所，臺灣文獻叢刊第 37 種（臺北：臺灣銀行經濟研究所，1962），頁 2。

〔註28〕〈地目甲數調〉，《明治三十一年臺灣總督府公文類纂》，1898 年 7 月 4 日，第 31 卷，第 290 冊，第 6 號。

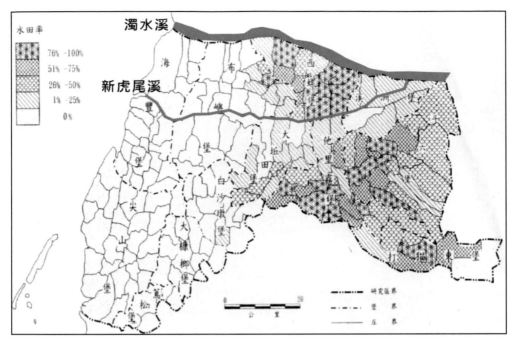

圖 1-3　1896 年雲林縣水田化比率圖

資料來源：陳國川，《清代雲林地區的農業墾殖與活動形式》（臺北：國立臺灣師範大學地理學系，2002），頁 63。

　　總體而言，濁水溪沖積扇平原除西螺地區之外，均以旱作作為開墾的作物，筆者整理出以下幾點共同特色：其一在氣候上，濁水溪南北岸的位置剛好位於中央山脈西側，受到中央山脈的阻擋，不論是夏季的颱風及冬季的東北季風，影響甘蔗的種植都較小；其二甘蔗擁有強大的根系特性，可抓取疏鬆具硬性的可溶性鹽土，有益於其他旱作植物。其三地表的不平坦，使埤圳不易築造，雖然濁水溪南北兩岸雖有數條埤圳，但因清領晚期築圳較少、常因濁水溪氾濫而年久失修、埤圳分配不均等因素，使得旱田遠多於水田。因此在以上三種因素之下，濁水溪沖積扇平原較適合種植甘蔗，並於日治時期成為濁水溪沿岸重要的經濟作物之一。

第二節　日治初期製糖業的經營

一、臺灣總督府糖業政策的施行

　　臺灣總督府基於清代臺灣開發土地的效能，確立「農業臺灣，工業日本」

的基本經濟政策，為了能達成此一目標，官方採取增加農業面積及提高農業生產技術兩項措施來提升土地開發的效能。總督府特別針對甘蔗的種植，以「振興產業為臺灣殖民政策之重心，再以獎勵糖業為振興產業的要務」〔註29〕，於1901年9月聘任農學博士新渡戶稻造就任殖產局長，起草〈糖業改良意見書〉，〔註30〕並指出由於日本佔領臺灣初期，戰事尚未平定，促使臺灣糖產量較清領時期來的低，其原因包括：「1.戰亂使地方豪族逃往中國 2.戰亂使蔗園荒廢 3.戰亂加上建築鐵路使蔗園缺乏勞動力 4.總督府為防範反抗軍潛伏於蔗園，道路兩旁禁止種植甘蔗 5.與清領時期相比，糖課稅較重 6.製糖利益遭糖商壟斷，農民無利可圖。再加上東亞市場逐年受到歐洲甜菜糖的壓迫，〔註31〕導致日本佔領後糖業衰退。」於是新渡戶稻造提出幾項臺灣糖業改良的方法，內容包括：引進糖分含量高的蔗種、改善製糖方法、獎勵從事糖業者，特別是鼓勵資本家投資製糖事業，總督府日後參考其意見，於隔年6月14日以律令第5號頒布〈臺灣糖業獎勵規則〉〔註32〕，並成立臨時糖務局，接著建立起「原料採集區域制度」。

其中〈臺灣糖業獎勵規則〉重要的內容如下：

第一條：從事甘蔗種植將給予以下補助獎勵

（一）蔗苗或肥料費用

（二）開墾費

（三）灌溉或排水費

（四）製糖機或器具費

第二條：臺灣總督府認定依規定原料數量以從事砂糖製造者，可獲得補助金。

第三條：種植甘蔗開墾官有地者，土地無償借貸予申請者，若開墾成功者，將賦予業主權。

〔註29〕矢內原忠雄著，周憲文譯，《日本帝國主義下之臺灣》（臺北：海峽學術出版社，1999），頁243。

〔註30〕〈糖業改良意見書〉中提出改良辦法七項，保護獎勵方案十一項，以及有關糖業設施成立等十四項。森久男著，洪尊元譯，〈臺灣總督府糖業保護政策之發展〉，收於黃富三、曹永和編，《臺灣史論叢》第一輯（臺北：眾文，1980），頁384～387。

〔註31〕矢內原忠雄著，周憲文譯，《日本帝國主義下之臺灣》，頁200～201。

〔註32〕〈律令〉，《臺灣總督府府報》第1172號，1902年6月14日，頁27。

第五條：無償貸予種植甘蔗者增設排水、灌溉設施的土地。

在〈臺灣糖業獎勵規則〉發布後，不少資本家投入製糖事業，而原有的製糖業者所得的利益也更加擴大，並在糖業發展上開啟嶄新的一頁，包括：舊式糖廍轉變成改良糖廍等，而新式製糖場也相繼出現。

二、從舊式糖廍至新式製糖業

清領時期，傳統的舊式糖廍製糖技術落後，由牛隻以石磨拉動取得蔗汁，〔註33〕經數口鐵鍋連續煎熬，最後置於打糖盤上攪拌乾燥而得赤糖（又稱黑糖）。由於壓榨力量不大，大量的蔗汁留在殘渣中，最後被當成燃料燒掉，浪費掉大量可製糖的蔗汁。為求改良舊式糖廍的不足，日人鈴木藤三郎於1883年發明的獨特冰糖製造法，翌年設立冰糖工場。1890年東京工場落成，成功製造出純白的精製糖，1896年以30萬日圓的資本金成立「日本精糖株式會社」，由長尾三十郎擔任社長，鈴木藤三郎任常務取締役兼技師長。〔註34〕同年中日甲午戰爭後，至歐美考察糖業，並引進西洋式機械，〔註35〕以動力壓榨機取代獸力轉動石磨，其壓榨機力量大，且不易漏出蔗汁，效益也就大大提高。〔註36〕日本精糖株式會社在轉型新式製糖會社後，便開始著手進行現代化的製糖工業。

臺灣總督府於1900年的糖業獎勵政策使得鈴木藤三郎注意到臺灣投資的前景，在日本三井財團的贊助下，以100萬日圓資本成立「臺灣製糖株式會社」，總督府有鑒於新式製糖工場未能提高事業成績之因在於製糖設備的不足、技術未熟、資金欠缺，遂按其資本額給予百分之六的補助，在高雄橋仔頭設立製糖工場，開啟臺灣製糖事業革命。〔註37〕

1902年鈴木藤三郎又兼任日本製糖株式會社社長，並開始評估規劃該會社於臺灣設立工場事宜。此時，臺灣總督府於1904年購入單日壓榨能力36～40噸的壓榨器貸予業者，並發揮了獎勵辦法的作用，吸引業者開設製

〔註33〕邱淵惠，《臺灣牛》，頁136～137。
〔註34〕西原雄次郎，《日糖最近二十五年史》（東京：大日本製糖株式會社，1934），頁5。
〔註35〕西原雄次郎，《藤山雷太傳》（東京：千倉書房，1939），頁259～300。
〔註36〕張忠正，〈日治時期臺灣改良糖廍之興衰〉，《德霖學報》28（2015），頁127。
〔註37〕伊藤重郎，《臺灣製糖株式會社史》（東京：臺灣製糖株式會社東京出張所，1939），頁132。

糖工場，同年 4 月，鳳山廳大竹里籬仔內庄的振祥製糖所設立為改良糖廍的嚆矢，其後各製糖工場如雨後春筍般紛紛成立。〔註 38〕加上 1905 年日俄戰爭後，日本國內資金充裕，企業發展蓬勃及「精糖」輸入關稅制度提高，使得日本資本轉而積極投資臺灣製糖產業。〔註 39〕日本製糖株式會社也在這波潮流中，更進一步進入臺灣設廠經營糖業生意，不僅於 1906 年與大阪「日本精糖株式會社」合併，改稱「大日本製糖株式會社」（以下簡稱日糖），又選任酒勾常明為社長，鈴木藤三郎則引退，專心經營臺灣製糖株式會社。

三、濁水溪南岸製糖場的設立

在〈臺灣糖業獎勵規則〉之下，新式製糖業或改良糖廍逐步興起，在這些改良糖廍任其自由成立後，也發生新式製糖場與小型糖廍的原料採取區可能重複而互相競爭，總督府遂於 1905 年 6 月以府令第 38 號發佈「製糖場取締規則」，〔註 40〕同時可確保原料來源外，也可依據其壓榨量來決定原料採取區的範圍。

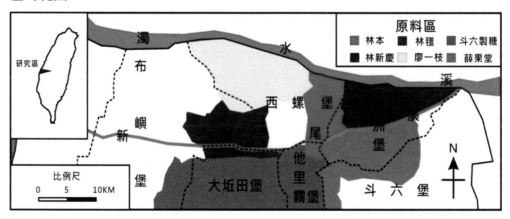

圖 1-4　1905 年濁水溪南岸改良糖廍原料採取區域圖

資料來源：筆者根據臺灣總督府，〈製糖場原料採取區域〉，《府報》第 1853 號，1905 年 10 月 25 日，頁 64 所繪。

〔註 38〕何鳳嬌，〈日據時期臺灣糖業的發展〉，《國史館館刊》，復刊第 20 期（1996），頁 73～75。

〔註 39〕黃紹恆，〈從對糖業之投資看日俄戰爭前後台灣人資本的動向〉，《臺灣社會研究季刊》23（1996），頁 121～127。

〔註 40〕臨時臺灣糖務局，《臺灣糖業一班》（臺南：臺南新報社，1908），頁 52～54。

　　濁水溪南岸在 1904 年至 1909 年設有 9 座改良糖廍，早在 1904 年斗六廳首由荊桐林本[註 41]於今西螺堡荊桐巷開設林本製糖所，為一改良糖廍。在獲利後受到其他斗六廳、嘉義廳製糖業者的仿效，1905 年由大林薛果堂、[註 42]辜顯榮與虎尾拓殖組合合資的斗六製糖會社成立，並於大坵田堡土庫庄、大坵田堡五間厝庄、他里霧堡小東庄分別設有三座改良糖廍，橫跨他里霧堡、大坵田堡、布嶼堡、白沙墩堡等區域；[註 43]薛果堂也於溪洲堡施瓜寮及石榴班設有改良糖廍；[註 44]溪洲樹仔腳林新慶[註 45]於溪洲堡開墾 200～300甲土地，並設立改良糖廍；[註 46]土庫林玭[註 47]等人於西螺堡、布嶼堡、大坵田堡一帶開墾，並設改良糖廍；西螺堡西螺區街長廖一枝[註 48]也於堡內設改良糖廍，並開墾西螺堡大義崙、二崙等地。[註 49]（以上見圖 1-4）1909年臺中街吳鸞旂[註 50]開墾草湖等布嶼堡 7 庄及施厝寮等海豐堡 5 庄，並於貓兒干庄設有一改良糖廍。[註 51]從中顯示出，蔗作的種植大多集中斗六廳中央部分，主要分布於濁水溪及新虎尾溪之間，除西螺堡中間地區因水圳灌溉適合種植稻作外，包括斗六堡、溪洲堡、西螺堡、大坵田堡、他裡霧堡一帶均種植大量蔗作，靠海的布嶼堡、海豐堡常因海風及土地所造成的土壤鹽化影響而不利於作物生長。

[註 41] 林本（1877～1931），西螺堡荊桐巷人（今雲林縣荊桐鄉），曾任荊桐保正、荊桐巷區長、大日本赤十字社社員、西螺信用組合長、大日本製糖會社參事、斗六郡荊桐庄協議會員、虎尾郡水利組合評議員、嘉南大圳組合議員等職，並曾獲紳章。

[註 42] 薛果堂（1876～1924），打貓北堡大莆林人（今嘉義縣大林鎮），曾任大莆林庄長期間建十股圳，開墾大莆林大湖（今大林鎮湖北里），並曾獲紳章。

[註 43] 〈創立虎尾拓殖組合〉，《漢文臺灣日日新報》，1905 年 8 月 13 日，版 4。

[註 44] 臺灣總督府，〈製糖場原料採取區域〉，《府報》第 1853 號，1905 年 10 月 25 日，頁 64。

[註 45] 林新慶，溪洲堡樹仔腳人（今雲林縣荊桐鄉饒平村），曾任溪洲堡樹仔腳庄長。

[註 46] 〈創立斗六開墾成績〉，《漢文臺灣日日新報》，1905 年 8 月 19 日，版 4。

[註 47] 林玭（1854～?），大坵田堡土庫庄人（今雲林縣土庫鎮），曾任土庫街庄長、斗六、嘉義廳參事、土庫區長、臺南州協議員，並曾獲紳章。

[註 48] 廖一枝，曾任西螺區區長。

[註 49] 臺灣總督府，〈製糖場原料採取區域〉，《府報》第 1853 號，1905 年 10 月 25 日，頁 64。

[註 50] 吳鸞旂（1862～1922），彰化縣藍興保人（今臺中市太平區），經營樟腦製造業及阿片事業，曾任地方招安委員、臺中廳參事、中部臺灣日報社取締役、米買辦，並曾獲紳章。

[註 51] 〈糖廍の競爭〉，《臺灣日日新報》，1909 年 5 月 23 日，版 3。

表 1-2 濁水溪南岸各改良糖廍資料表（1904～1909）（日壓榨量以噸為單位）

糖廍名稱	創立時間	創立者	地區	日壓榨量	備註
林本製糖所	1904	林本	溪洲堡樹仔腳(今莿桐饒平)至大埔尾（今莿桐大美）	*石油 40	
斗六製糖會社	1905	薛果堂、辜顯榮與虎尾拓殖組合合資	橫跨他里霧堡、大坵田堡、布嶼堡、白沙墩堡等區域	*蒸氣 120	擁有三座改良糖廍，分別位於大坵田堡土庫庄、大坵田堡五間厝庄、他里霧堡小東庄
前寮製糖公司	1905	薛果堂	溪洲堡施瓜寮至石榴班一帶	蒸氣 80	
麻園製糖場	1905	林新慶、張老澎、薛果堂	溪洲堡湖仔內、麻園	蒸氣 80	
中路殖產合名會社	1905	林碹	西螺堡、布嶼堡、大坵田堡一帶	蒸氣 60	
西螺製糖會社	1905	廖一枝	西螺堡大義崙、二崙	石油 60	
吳鸞旂製糖場	1909	吳鸞旂	海豐堡、布嶼堡一帶(今崙背、麥寮一帶)	蒸氣 100	

資料來源：莊天賜，〈臨時臺灣糖務局與臺灣新製糖業之發展（1902～1911）〉（臺北：國立臺灣師範大學歷史學系博士論文，2011），頁 385～388，由筆者整理製表。

說明：*表示以石油為動力壓榨及以蒸汽機壓榨。

1908 年以前在中部已有八堡圳等埤圳灌溉，水田多，旱地少，利於產米，呈現米多於甘蔗的現象，然而臺灣的蔗作地多為南部之旱田，如無特殊的灌溉排水設施，僅仰賴雨水，常遭旱災、久雨之苦，蔗園也常被積水所淹，任

其枯腐。〔註 52〕唯獨斗六廳位於濁水溪以南，除西螺堡跟他里霧堡外，均為灌溉不便。水田少的旱地，因此日糖為不落人後，於 1906 年依〈臺灣糖業獎勵規則〉向總督府申請兩處甘蔗原料採取區，分別是位於斗六廳及嘉義廳內（見圖 1-5），〔註 53〕原料採取區域橫跨溪洲堡、西螺堡、布嶼堡、斗六堡、他里霧堡、打貓東頂堡、大邱田堡、白沙墩堡、打貓北堡、打貓東下堡、牛稠溪堡、打貓南堡、嘉義西堡、柴頭港堡、大目根堡、嘉義東堡、鹿仔草堡、下茄苳北堡、下茄苳南堡，包括現今雲林及嘉義的範圍。

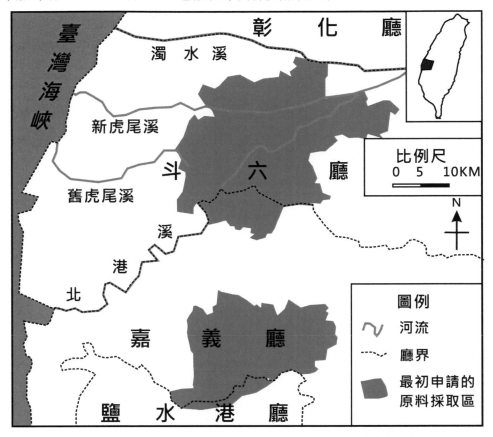

圖 1-5　1906 年大日本製糖株式會社申請原料採取區範圍

資料來源：筆者根據臨時臺灣糖務局，《臨時臺灣糖務局第六年報》（東京：臨時臺灣糖務局，1908），頁 343～345 所繪。

〔註 52〕臺灣銀行金融研究室編，《臺灣之糖》（臺北：臺灣銀行金融研究室，1949），頁 29。

〔註 53〕臨時臺灣糖務局，《臨時臺灣糖務局第六年報》（東京：臨時臺灣糖務局，1908），頁 343～345。

　　然而總督府依「製糖場取締規則」衡量後，於 1907 年 7 月 3 日頒布〈製糖場原料採取區域〉，[註54] 僅准許北部屬於斗六廳管轄的原料採取區，而南部的嘉義西堡劃給於同年 2 月創立的東洋製糖株式會社，日糖擁有的原料區包含溪洲堡、西螺堡、布嶼堡、斗六堡、他里霧堡、打貓東頂堡、大邱田堡、白沙墩堡、打貓北堡等（見圖 1-6），並加以擴張，於 1909 年同時收購林本、林新慶、薛果堂位於溪洲堡的原料採取區；廖一枝、林壇等人位於西螺堡、布嶼堡、大坵田堡的採取原料區；薛果堂、辜顯榮與虎尾拓殖組合合資的三間改良糖廍所擁有的他里霧堡、大坵田堡、布嶼堡、白沙墩堡等區域。[註55]

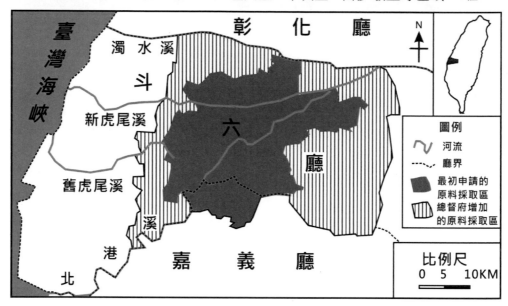

圖 1-6　　1907 年大日本製糖株式會社原料採取區核准範圍

資料來源：筆者根據臺灣總督府，〈製糖場原料採取區域〉，《府報》第 2224 號，1907
　　　　　年 7 月 3 日，頁 9 所繪。

　　當時濁水溪南岸沖積扇平原除了五間厝工場（日糖臺灣工廠）外，也有其他新式製糖場的成立影響五間厝工場原料採取區的範圍，包括臺南糖商王雪農於 1910 年創設的「斗六合名會社」、於同年 12 月在嘉義廳大槺榔東頂堡北港街成立的北港製糖株式會社。

〔註54〕臺灣總督府，〈製糖場原料採取區域〉，《府報》第 2224 號，1907 年 7 月 3 日，
　　　　頁 9。
〔註55〕臺灣總督府，〈製糖場原料採取區域〉，《府報》第 2610 號，1909 年 1 月 10
　　　　日，頁 13。

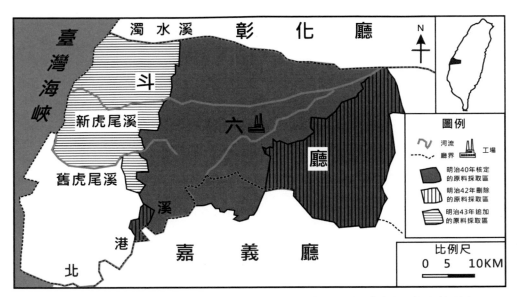

圖 1-7　1907～1910 年大日本製糖株式會社原料採取區變動狀況

資料來源：筆者根據臺灣總督府，〈製糖場原料區域〉，《府報》第 2654 號，1909 年 3
　　　　　月 11 日，頁 21；臺灣總督府，〈原料採取區域刪除〉，《府報》第 2845 號，
　　　　　1909 年 12 月 1 日，頁 2；臺灣總督府，〈採取區域追加〉，《府報》第 3032
　　　　　號，1910 年 8 月 23 日，頁 48 所繪。

　　然而 1909 年日糖發生過度投資資金套牢，卻蒙蔽破產內幕並利用假交付
方式炒作股票，稅賦與收賄等弊端陸續被檢舉，稱「日糖事件」，導致日糖社
長酒匂常明舉槍自盡，社務工作一時之間停滯。〔註 56〕因此總督府於 1909 年
3 月 11 日又依「製糖場取締規則」，公布「製糖場原料採取區域」，將日糖原
料採取區削減五間厝工場官設鐵路以東的區域，並劃給「斗六合名會社」，〔註
57〕也就是今日縱貫線鐵路以東的區域；此外，又削減部分五間厝工場的原料
採取區域，〔註 58〕包括大槺榔東頂堡的草湖庄（今北港鎮草湖里）、新街庄（今
北港鎮新街里）、北港街，將其劃給北港製糖株式會社（見圖 1-7）。在甘蔗採
收區逐漸受到威脅下，日糖為求繼續經營，於是向總督府提出「事業變更原
料擴張請願書」，並在隔年興建第二工場，並依照「製糖場取締規則」擴充原

〔註 56〕黃紹恆，〈明治後期日本製糖業的雙重構造〉，《國立中央圖書館臺灣分館館刊》
　　　　2：1（1995），頁 97～109。
〔註 57〕藤山雷太著、王柏鐺譯，《萬頃蔗園薰午風──藤山雷太的《臺灣遊記》》（雲
　　　　林：神農廣播雜誌社，2007），頁 77。
〔註 58〕臺灣總督府，〈製糖場原料採取區域〉，《府報》第 2654 號，1909 年 3 月 11
　　　　日，頁 21。

料採取區範圍，也就是五間厝製糖工場作業能力提高，使總督府又追加一部分原料採取區給予日糖，即從原來的原料採取區向西延伸至海，新增區域栽培面積已達約 44,824 甲，植蔗面積達 6,451 甲，部分耕地則灌溉不便，或排水不良而不利蔗作。〔註59〕並在 1911 年併購吳鸞旂位於海豐堡、布嶼堡一帶的原料區。〔註60〕

圖 1-8　大日本製糖工場全景

（資料來源：臺灣糖業公司——虎尾總廠文物館提供，年代不詳）

　　在工場方面，日糖在 1906 年改組後仍持續擴大經營規模，原選定工場位於斗六街內，〔註61〕但因製糖工場需要大量水源來協助提高糖分壓出率、機器的冷卻及糖膏晶粒生長的調節，近溪河的位置顯然較為方便，〔註62〕斗六街附近無大溪河，加上 1907 年〈製糖場原料採取區域〉製定下原料區遼闊，故於隔年 1908 年選擇在虎尾溪旁的斗六廳大邱田堡五間厝莊 70 番地，方圓 9 萬甲地區，設立第一座粗糖工場，一方面位於溪河旁，另一方面位置為原料區中心，使各地的原料以最短距離運輸至製糖場製糖。此製糖場一日壓榨達

〔註59〕株式會社新聞社，《臺灣糖業年鑑（大正八～九年）》（不詳：同著者，1921），頁 159。

〔註60〕〈製糖原料採取區域失效〉，《府報》第 3407 號，1911 年 12 月 29 日，頁 80。

〔註61〕總督府鐵道部，《臺灣總督府鐵道部第八年報 明治三十九年度》（臺北：臺灣總督府鐵道部，1921），頁 96。

〔註62〕臺灣糖業公司，《糖業手冊》（彰化：臺灣糖業公司，1979），605～912。

1,200 噸，於隔年 11 月開始製糖，成立之時以「大日本製糖株式會社臺灣工場」為名，為戰後虎尾糖廠的前身。〔註 63〕

　　然而 1909 年受日糖事件影響，社務停滯。藤山雷太就任社長後，新的經營團隊在他的領導下，一方面進行償債計畫，另一方面重新開啟產能，大力推動會社業務，以圖挽回日糖的短暫頹勢。〔註 64〕

　　此外，藤山雷太為使會社公司走出面臨破產的窘況及解決原料採取區減少的問題，於 1910 年投資 150 餘萬在臺灣計劃興建第二工場，1912 年開始作業，積極擴張原料採取區，並擁有單日壓榨 1,000 噸的能力，〔註 65〕此舉使五間厝工場的壓榨能力提高至 2,200 噸，成為全臺第一。

四、濁水溪北岸製糖場的設立

　　在〈糖業獎勵規則〉的推波助瀾下，改良糖廍紛紛設立（見表 1-3），濁水溪北岸沖積扇平原也於 1905 年首由北斗林慶歧〔註 66〕等人在東螺東堡圳寮（今溪州鄉圳寮）及東螺西堡牛稠仔（今埤頭鄉芙朝村）一帶，將 12 座舊式糖廍整合成一座改良糖廍，並創立北斗製糖公司。〔註 67〕1907 年至隔年間又設有 4 家改良糖廍經營，包括由二林陳梓成〔註 68〕成立的大排沙製糖工場，〔註 69〕原料採取區包含大排沙庄等二林上堡部分地區；同年大甲蔡春海〔註 70〕也將舊式糖廍擴張為改良糖廍，〔註 71〕原料採取區包含溪湖庄等二林上堡部分地區及四塊厝庄馬芝堡等地；同年英商怡記商會於北斗設改良糖廍，〔註 72〕原料採取區包含北斗街等東螺西堡部分及海豐崙庄等東螺東堡部分；隔年辜

〔註 63〕王怡芳，《日治時代虎尾市街的出現與成長》（臺北：國立臺灣師範大學地理學研究所碩士論文，1999），頁 29～30。

〔註 64〕杉野嘉助，《臺灣糖業年鑑・昭和三年版》（臺北：臺灣通信社，1927），頁 123～124。

〔註 65〕西原雄次郎，《日糖最近二十五年史》，頁 60～61。

〔註 66〕林慶歧（1861～1911），北斗望族，曾任北斗保良局長、彰化縣、臺中廳參事、東螺溪堡堡長、北斗衛生組合委員，也經營阿片事業，並曾獲紳章。

〔註 67〕〈彰化糖廍改良〉，《臺灣漢文日日新報》，1905 年 10 月 19 日，版 4。

〔註 68〕陳梓成（1869～1953），二林大排庄人，初始經營米穀事業，往來中國與臺灣之間，曾任保正、二林庄協議員、振興會會長等職。

〔註 69〕臨時臺灣糖務局，《臨時臺灣糖務局第六年報》，頁 154。

〔註 70〕蔡春海（1871～?），大肚庄人，經營米商、樟腦製造業，曾任臺灣製麻會社取締役、大肚庄協議員，並曾獲紳章。

〔註 71〕〈勸業資金の行方〉，《臺灣日日新報》，1909 年 8 月 22 日，版 3。

〔註 72〕〈彰化外の外商製糖場〉，《臺灣日日新報》，1907 年 8 月 25 日，版 4。

顯榮與薛果堂於濁水溪南岸所創的斗六製糖會社因經營不善，其原料採取區遭日糖收購，[註73] 遂將斗六製糖所兩臺壓榨機搬至馬芝堡三省庄設立改良糖廍，並設有單日達 80 噸的壓榨機，原料採取區包含三省庄等馬芝堡部分地區及二林上堡石埤庄等地。1908 年辜顯榮又於東螺西堡連交厝庄設立改良糖廍，達到單日壓榨量 160 噸的實力與設於三省庄的壓榨機共 240 噸成為當時改良糖廍之冠。[註74]

表 1-3　濁水溪北岸各改良糖廍資料表（1905～1908）（日壓榨量以噸為單位）

糖廍名稱	創立時間	創立者	地區	日壓榨量	備註
北斗製糖公司	1905	林慶歧	東螺東堡圳寮及東螺西堡牛稠仔	*蒸氣 80	將 12 座舊式糖廍整合成一座改良糖廍
大排沙製糖工場	1907	陳梓成	大排沙庄等二林上堡部分	*石油 40	
蔡春海	1907	蔡春海	溪湖庄等二林上堡部分及四塊厝庄等馬芝堡部分	蒸氣 60	將舊式糖廍擴張為改良糖廍
英商怡記商會	1907	英商怡記商會	北斗街等東螺西堡部分及海豐崙庄等東螺東堡部分	蒸氣 60	
辜顯榮	1907	辜顯榮	三省庄等馬芝堡部分及石埤庄等二林上堡部分	蒸氣 80	將斗六製糖所兩臺壓榨機搬至馬芝堡三省庄
辜顯榮	1908	辜顯榮	東螺西堡連交厝庄一帶	蒸氣 160	

資料來源：莊天賜，〈臨時臺灣糖務局與臺灣新製糖業之發展（1902～1911）〉（臺北：國立臺灣師範大學歷史學系博士論文，2011），頁 392～395，由筆者整理製表。

說明：*表示以石油壓榨及以蒸汽機壓榨。

[註73]〈斗六製糖會社近情〉，《臺灣日日新報》，1907 年 1 月 20 日，版 4。
[註74]〈糖業近聞〉，《臺灣日日新報》，1908 年 7 月 11 日，版 3。

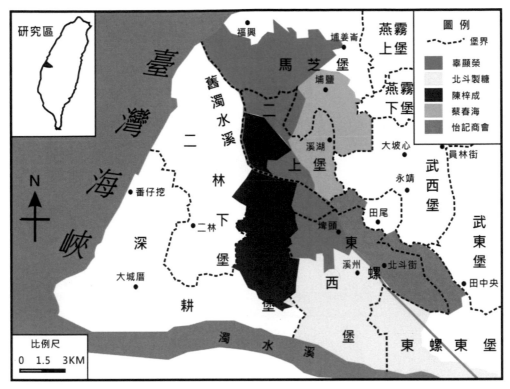

圖 1-9　1909 年初濁水溪北岸改良糖廍原料採取區分布圖（筆者自繪）

資料來源：根據臺灣總督府，〈製糖場原料採取區域〉，《府報》第 2224 號，1907 年 7
　　　　　月 3 日，頁 10；臺灣總督府，〈製糖場原料採取區域〉，《府報》第 2299
　　　　　號，1907 年 10 月 22 日，頁 58；臺灣總督府，〈製糖場原料採取區域〉，《府
　　　　　報》第 2316 號，1907 年 11 月 16 日，頁 51；臺灣總督府，〈製糖場原料
　　　　　採取區域〉，《府報》第 2610 號，1909 年 1 月 10 日，頁 12 所繪。

　　自上圖可知，濁水溪北岸的蔗作分布於彰化隆起平原舊濁水溪北面沿
岸，因其位於水源旁加上土壤肥沃利於種植作物，可種植水田與旱作。濁水
溪北岸沖積扇平原則因水利建設不足，即使有莿仔埤圳，仍無法灌溉濁水溪
沖積扇大片土地，而種植旱作。在〈糖業獎勵規則〉之下，這些地區成為蔗
作栽植地區。而彰化西部的未墾地主要有沙地、海埔地，因水利建設不足，
加上土壤鹽化嚴重，為不適合耕作的邊際土地，包含：二林下堡西部及深耕
堡西部及南部一帶。

　　濁水溪北岸沖積扇平原的新式製糖工場於 1909 年林本源製糖會社成立後
設立，林本源製糖會社初名為「林本源製糖合名會社」（以下簡稱林糖），由
林熊徵與其家族成員所創，日人領臺後，其族長林維源將家族遷至福建，使

林熊徵與林家關係疏離，在家族成員建議下，試圖透過建立製糖場來拉近家族之間的關係，於是林熊徵著手於擴大產業規模，並且與第五任民政長官大島久滿次及臺灣銀行頭取（董事長）柳生一義，〔註75〕為促成林本源製糖場奔走，由林熊徵及其家人以 200 萬圓資本額創立，並以林鶴壽擔任社長、林熊徵擔任副社長，小花和太郎擔任經理。〔註76〕當時的原料區採收區域，鑑於濁水溪以南已由各製糖場所占，僅能選擇濁水溪以北地區，當時日人井平半四郎，擬以 2,000 萬日圓向臺灣總督府提出申請創立日清製糖株式會社，就原料採取區而言，濁水溪以南已為日糖所有，無剩餘耕地，總督府遂將濁水溪以北的河畔劃為其原料採取區，但井平調查的結果顯示此地土地非常貧瘠，向總督府表示不服，與第四任民政長官的祝辰巳激辯，由臺灣銀行頭取柳生一義仲裁，然而因日俄戰爭，財經界不景氣，因此日清製糖株式會社未能成立。〔註77〕遂由林糖興辦此區的糖業。

　　總督府依據「製糖場取締規則」於 1909 年 7 月 14 日頒布〈製糖場原料採取區域〉，林糖的原料採取區橫跨二林上堡、二林下堡、東螺西堡、東螺東堡、馬芝堡、深耕堡。〔註78〕然而林糖初始為獲得土地，未將海岸貧瘠的土地編入原料區內，為取得土質良好的社有地，選擇西螺溪與濁水溪 3,000 甲的三角洲地帶，來供三年輪作之用，於隔年 2 月著手價購，主要收購北斗製糖在東螺東堡圳寮及東螺西堡牛稠仔庄一帶的原料採取區。〔註79〕（見圖1-10）由於辜顯榮改良糖廍自每日壓榨量 60 噸增加為 120 噸，〔註80〕總督府因此依「製糖場原料採取區域」於 1910 年 8 月 23 日再度頒布〈採取區域變更〉，削減牛稠仔庄等東螺西堡部分及二林下堡大排沙庄一帶的原料採取區，劃給辜顯榮改良糖廍。〔註81〕同年林糖再收購英商怡記商會於北斗街等東螺西堡及海豐崙庄等東螺東堡的原料採取區。

〔註75〕〈林家改革內情（五續）〉，《漢文臺灣日日新報》，1910 年 6 月 3 日，版 5。
〔註76〕許雪姬，〈話說板橋林家——林本源家的歷史〉，《國史研究通訊》2（2012），頁 13～14。
〔註77〕佐藤吉治郎，《臺灣糖業全誌・會社篇》（臺中：株式會社臺灣新聞社，1926），頁 115。
〔註78〕臺灣總督府，〈製糖場原料採取區域〉，《府報》第 2743 號，1909 年 7 月 14 日，頁 35。
〔註79〕佐藤吉治郎，《臺灣糖業全誌・會社篇》，頁 117。
〔註80〕〈來期改良糖廍〉，《漢文臺灣日日新報》，1910 年 8 月 5 日，版 3。
〔註81〕臺灣總督府，〈採取區域變更〉，《府報》第 3032 號，1910 年 8 月 23 日，頁 47～48。

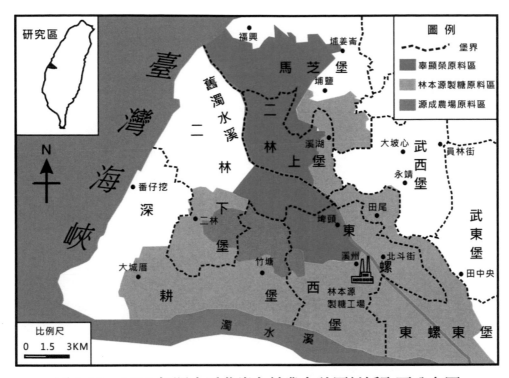

圖 1-10　1912 年濁水溪北岸各糖業會社原料採取區分布圖

資料來源：筆者根據臺灣總督府，〈製糖場原料採取區域〉，《府報》第 3032 號，1910
　　　　年 8 月 23 日，頁 46～48 所繪。

　　然而林糖成立之初也曾發生過土地糾紛，由於土質良好的地區需取得官
有地才可開墾，位於西螺溪及濁水溪之間的東螺西堡瓦厝 3,000 甲土地肥沃，
因此林糖於 1910 年 2 月開始著手價購工作，接著發生林糖價購土地事件。〔註
82〕此為地主與會社在價購上有所爭執，因依據土地登記簿登載價格與時價差
太遠，導致抗爭事件擴大。同年 12 月 10 日，林糖原料採取區又增加東螺西
堡番仔埔庄、三塊厝庄，〔註 83〕然而隔年因明治製糖會社的爭取，總督府取
消番仔埔庄、三塊厝庄給予林糖經營蔗作。〔註 84〕此時土地達 21,958 甲，植
蔗面積達 1,794 甲。

─────────────

〔註 82〕臺灣總督府，〈伊藤政重外二名懲戒決定〉，《府報》第 3135 號，1911 年 3 月
　　　　11 日，頁 6～10。

〔註 83〕臺灣總督府，〈製糖場區域外原料採取〉，《府報》第 3116 號，1910 年 12 月
　　　　10 日，頁 24。

〔註 84〕臺灣總督府，〈製糖場區域外原料採取許可取消〉，《府報》第 3207 號，1911
　　　　年 4 月 11 日，頁 36。

在工場方面，製糖場原選定東螺西堡的北勢寮庄（今北斗鎮北勢寮），北斗人提出非常優渥的條件，願意提供鐵路及製糖場用地，但濁水溪護岸工程未完成，如遇洪水，必帶來危險，因此該會社改選定位於濁水溪與舊濁水溪之間的溪洲作為製糖場所在，附近的莿仔埤圳可供製糖場用水之需，遂設場於此。然而總督府土木局以「公共埤圳規則」試圖向他們取得水租，製糖場決定開鑿自己的地下水，才解決用水的問題。〔註85〕於1910年2月以39甲地開始動工建造製糖場，同年12月完工，隔年1月啟用，並擁有單日壓榨量750噸的實力。〔註86〕1912年會社更名為「林本源製糖場」。〔註87〕

圖 1-11　林本源製糖工場

資料來源：〈臺灣の製糖會社と其現勢〉，《臺灣》5（1911），頁6。

〔註85〕佐藤吉治郎編，劉萬來譯，《臺灣新式製糖工場興業史》（臺北：臺灣糖業文化經貿發展協會，2011），頁132～138。

〔註86〕宮川次郎，《糖業禮讚》（臺北：臺灣糖業研究會，1928），頁193。

〔註87〕臺灣總督府，〈製糖會社名義變更〉，《府報》第3544號，1912年6月14日，頁76。

濁水溪北岸沖積扇平原不僅有林糖經營糖業，前內閣大臣愛久澤也加入製糖的行列，由於其與臺灣總督兒玉源太郎關係良好，[註88] 於 1902 年以成立年命名開設三五公司，[註89] 一開始開墾的土地為東螺西堡北斗庄一帶（今為北斗鎮新生里），共約 187 甲，[註90] 但在總督府協助之下，於 1907 年開始以強制的手段來收購土地，[註91] 並造成不少爭議，使二林庄、竹塘庄、埤頭庄農民喪失土地，且因收購價格低，民眾反彈強烈，隔年的收購價格提高，才暫時平息爭議，[註92] 最終源成農場收購土地已達 2,025 甲。[註93] 然而種植的作物有混合甘藷、甘蔗、米等作物，並非以甘蔗為主要作物。[註94]

1910 年 2 月 15 日，甘蔗園已達 300 甲。[註95] 同年 5 月 17 日，除栽蔗外，也計畫建置單日壓榨 80 噸製糖場。[註96] 並於同年 7 月製糖場獲得總督府認可。[註97] 9 月 7 日，源成農場製糖場正式動工，10 月 23 日依「製糖場取締規則」發布源成農場的原料採取區包含東螺西堡大湖厝庄（今埤頭鄉大湖）、深耕堡礪磜庄（今二林鎮東華、復豐里）、五庄仔庄（今竹塘鄉五庄子）、面前厝庄、丈八斗庄、二林下堡後厝庄、犁頭厝庄。[註98]

初始經營一般農耕，後來逐漸轉為蔗作，1911 年於礪磜庄（今二林鎮東華、復豐里）成立愛久澤製糖工場，[註99] 再向糖務局申請借貸壓榨機 [註100]

〔註88〕中村孝治，〈台灣と「南支・南洋」〉，《日本の南方關与と台灣》（奈良：天理教道友會，1988），頁 11～13。

〔註89〕《礪磜戶籍調查簿（日人）》（二林鎮公所提供）；引自張素玢，洪麗完總纂，《二林鎮志・農林漁牧》（彰化：二林鎮公所，2000），頁 8。

〔註90〕張素玢，《歷史視野中的地方發展與變遷》（臺北：臺灣學生書局，2004），頁 202。

〔註91〕〈源成農場の罪惡史〉，《臺灣民報》，第 216 號，1926 年 7 月 8 日。

〔註92〕蔡淵騰編，《蔡氏族譜》（無年代），蔡慶欣提供，轉引自張素玢，《歷史視野中的地方發展與變遷》，頁 265。

〔註93〕臺灣總督府，《臺灣總督府官營移民事業報告書》（臺北：臺灣總督府移民課，1919），頁 8。

〔註94〕〈二林開墾地の事〉，《臺灣日日新報》，1908 年 12 月 19 日，版 3。

〔註95〕〈源成農況〉，《臺灣日日新報》，1910 年 2 月 15 日，版 3。

〔註96〕〈源成農場製糖計畫〉，《臺灣日日新報》，1910 年 5 月 17 日，版 3。

〔註97〕〈源成農場製糖認可〉，《臺灣日日新報》，1910 年 7 月 21 日，版 3。

〔註98〕臺灣總督府，〈採取區域變更〉，《府報》第 3032 號，1910 年 8 月 23 日，頁 46。

〔註99〕〈二林の移民〉，《臺灣日日新報》，1909 年 2 月 5 日，版 3。

〔註100〕〈源成農場製糖計畫〉，《臺灣日日新報》，1910 年 5 月 15 日，版 3。

並開始製糖，雖非新式製糖工場，但其單日製糖量達 80 噸以上，〔註101〕可說是改良糖廍中數一數二的製糖場。1934 年改建為新式製糖場啟工後，〔註102〕提供更多壓榨量來提升製糖效能。

〈臺灣糖業獎勵規則〉的施行，使諸多改良糖廍相繼成立，在競爭之下，濁水溪南岸沖積扇平原的日糖收購南岸 9 座改良糖廍，成為濁水溪南岸最大的製糖業。然而受到「製糖場取締規則」的影響下，削減日糖原料採取區分配給斗六廳剛成立的北港製糖與斗六製糖。在其興建第二工場後，原料採取區的範圍才增加西部地區至沿海一帶。

而濁水溪的北岸，也有數座改良糖廍，這些改良糖廍的原料採取區均位於舊濁水溪沿岸，在林糖經營下，大量收購舊濁水溪沿岸的北斗製糖及宜記商會所擁有的原料採取區。愛久澤直哉所經營的源成農場也在此分杯羹，同樣以強制的手段來收購土地，雖然原料採取區面積較少，但仍於會社林立的時代中嶄露頭角。

對比 1910 年之前濁水溪南北兩岸各製糖業所經營的原料採取區來看，不論是日糖、林糖、源成農場，原料採取區多位於河水的兩岸，而靠海的土地則因土壤貧瘠而未劃入原料採取區內，在 1910 年後，日糖因第二工場的興建，原料採取區面積擴及海岸。而林糖、源成農場也在原料採取區的分配上擁有深耕堡及二林下堡南面的土地。

在原料採取區面積大致確立後，筆者也將這三家製糖業的原料採取區面積及植蔗面積（見表 1-4）作比較，從表中得知三家製糖業的原料採取區面積遠多於植蔗面積，如：日糖於 1909 年已擁有原料採取區 35,583 甲，但植蔗面積僅 4,165 甲，面積比為 11.7%；源成農場的原料採取區 2,025 甲，但植蔗面積卻僅有 300 甲，面積比為 14.8%；1911 年林糖原料採取區 21,958 甲，但植蔗面積僅 1,794 甲，面積比為 8.2%。此現象顯示由於會社在臺灣的製糖業處於剛起步的階段，糖業經營上難免會發生不穩定，加上多數的土地因貧瘠等問題，無法種植作物，在不利的狀況下，此數據呈現原料採取區面積遠多於植蔗面積的情形。

〔註101〕臺灣總督府殖產局特產課編，《臺灣糖業統計・昭和九年版》（臺北：臺灣總督府殖產局特產課，1934），頁 10。

〔註102〕平識善雄，《臺灣ニ於ケル某製糖會社ノ農場經營ニ關スル調查》（臺北：臺北帝國大學農林專門部卒業報告，1941），頁 6～7。

表 1-4　林糖、源成農場、日糖原料採取區面積及植蔗面積對照表
　　　　（1908～1912）

年代	林糖原料區面積	植蔗面積	面積比	源成農場原料區面積	植蔗面積	面積比	日糖原料區面積	植蔗面積	面積比
1908	無	無	無	—	—	—	35,583甲	—	—
1909	無	無	無	2,025甲	300甲	14.8%	35,583甲	4,165甲	11.7%
1910	無	無	無	2,025甲	400甲	19.7%	44,824甲	6,451甲	14.4%
1911	21,958甲	1,794甲	8.2%	2,025甲	—	—	44,824甲	8,486甲	18.9%
1912	21,958甲	1,983甲	9.0%	2,025甲	—	—	44,824甲	6,994甲	15.6%

資料來源：臺灣總督府殖產局糖務課，《臺灣糖業統計‧大正六年版》（臺北：同著者，
　　　　　1917），頁33；臺灣總督府殖產局糖務課，《第一糖務局年報》（臺北：同
　　　　　著者，1914），頁14；〈源成農況〉，《臺灣日日新報》，1910年2月15日，
　　　　　版3；臺灣總督府，《臺灣總督府官營移民事業報告書》，頁8所製。
說明：無代表未創立；—代表無資料。

小結

　　濁水溪南北岸於清領時期，長期受到濁水溪及新虎尾溪的侵害，雖然清
代濁水溪南北岸已有水圳提供灌溉，但受到濁水溪影響，使得水圳常年失修，
除西螺地勢較高，適合種植水田作物外，其餘土地均只能種植旱作，甘蔗由
於擁有強大的根系特性，有益於其他旱作植物，因此甘蔗在此生長環境下適
合種植於濁水溪沖積扇平原。

　　日治時期在〈臺灣糖業獎勵規則〉的頒布下，臺人紛紛在濁水溪南北岸
設立改良糖廍，但在日俄戰爭後，日本國內資金充裕，企業發展蓬勃及「精
糖」輸入關稅制度提高，使日資大量來臺投資，來臺的日糖也開始併購濁水
溪南岸的改良糖廍，但在爆發日糖事件後，北港及斗六地區均劃給北港製糖
株式會社與斗六合名會社，使原料區土地縮小，為挽回日糖的頹勢，便建立
第二工場，才將原料區擴及至崙背、麥寮一帶。濁水溪北岸的林糖則在家族
的經營下，強制收購土地種植甘蔗製糖，埋下日後二林蔗農事件的火種。

　　然而日、林糖在初期的經營上難免會發生不穩定的情形，在日糖、林糖及源成農場的原料區比較後，得知多數的土地因貧瘠等問題，無法種植甘蔗作物，呈現經營的原料區面積遠多於植蔗面積的狀況，三家製糖業者為擴大原料區內的植蔗面積，加上會社擁有大量資金，便開始於日後築堤防洪、開溝排水、植林防風，來進行開墾。〔註103〕另一方面清代舊式糖廍平均每 15 公頃的蔗田就有一所，以牛隻運送甘蔗，〔註104〕但由於日治時期原料採取區面積廣大，需在短時間將甘蔗運送到製糖場，避免糖分減少，再加上新式製糖場壓榨量高，非附近蔗園所能供應，考量到運送成本後，〔註105〕在交通工具的選擇上便以較低廉、運送較快的鐵道將甘蔗運送至製糖場，此專門運送甘蔗的鐵道，一般俗稱「糖業鐵道」。筆者將於下一章以糖業鐵道作為研究對象，試圖分析原料採取區在日後變動中對於糖業鐵道的影響，再針對鐵道分布之改變作討論。

〔註103〕何鳳嬌，〈日據時期臺灣糖業的發展〉，頁 77～78。
〔註104〕邱淵惠，《臺灣牛》，頁 139。
〔註105〕陳國川，〈日治時代雲林官有原野的土地開發〉，《國立臺灣師範大學地理研究報告》33（2000），頁 27。

第二章　糖業鐵道與地方經濟之發展 [註1]

　　在濁水溪沿岸製糖會社的原料採取區大致底定後，原料採取區內的甘蔗種植狀況卻相對低迷，筆者認為與土地耕種不利或交通運輸的不足息息相關，在土地耕作上，已於蔗作的生長條件詳述，因此本章主要針對這幾家製糖業者在交通運輸上的變革作詳細的分析，並從中探討濁水溪的糖業鐵道對於濁水溪沿岸交通的貢獻。

第一節　濁水溪下游糖業鐵道的開闢

　　世界最早的糖業鐵道始於 1837 年由古巴興築的鐵道，同時也為南美洲最早的鐵道。由於古巴以蔗作為出口導向，甘蔗園地主長期以來試圖找出廉價的方式來運送甘蔗原料到製糖場，但古巴並沒有合適的河流，公路條件也差，因此很快建立起複雜的鐵道網連結甘蔗園及製糖場，[註2] 證明製糖工業與鐵道的發展密切，鐵道具有運輸甘蔗的功能很快推行到其他加勒比海國家，包括：海地、多明尼加、牙買加。[註3] 隨著製糖業的傳播，糖業鐵道這套運輸系統也橫跨至太平洋，有鑑於此，1905 年 6 月 25 日擔任臺灣製糖株式會社常務取締役（今稱常務理事）的山本悌二郎技師至布哇（今夏威夷）考察返日，在考察期間獲得不少啟發，包括修築專用鐵道以搬運原料及產

〔註 1〕本章收錄於黃儒柏，〈濁水溪下游糖業鐵路與地方經濟之發展（1907～1939）〉，《臺灣文獻》（2018），頁 123～172。

〔註 2〕Oscar Zanetti &Alejandro García,Sugar and Railroads: A Cuban History, 1837-1959 (Chapel Hill: University of North Carolina Press,1988), page80.

〔註 3〕Christian Wolmar, Blood, iron, and gold: how the railroads transformed the world (New York: PublicAffairs, 2011), page202-203.

品，〔註4〕因此在與會社內部討論後，建議臺灣製糖株式會社於橋仔頭製糖場鋪設軌距 762 公厘規格的鐵道，先是以水牛牽引的方式拖運蔗車，因效果卓著，遂決定鋪設可供蒸氣火車行駛的鐵道。於是 1906 年臺灣製糖株式會社開始計畫設置糖業鐵道，向臺灣總督府申請後獲准興築，成為臺灣糖業鐵道的發軔，而臺灣製糖株式會社於 1907 年 11 月已陸續完成 5 條糖業鐵道線。

清領時期至日治初期，舊式糖廍平均每 15 公頃的蔗田就有一所，在製糖場設置後，由於原料區廣大，運送距離增加，為避免運送過程中糖分減少、維持原料步留〔註5〕，〔註6〕山本悌二郎技師在布哇考察回日後，開始利用鐵道的方式運輸甘蔗至製糖場。當 12 月至隔年 2 月甘蔗收成的季節來臨時，採收工人便至植蔗區採收甘蔗，將甘蔗聚集於拖車上後，以牛隻搬運甘蔗至甘蔗的聚集地，也就是俗稱的「蔗埕」，再將將甘蔗搬運至數輛臺車上，以蒸汽火車拖運臺車至製糖場，一條鐵道線會依鐵道里程的長短、甘蔗種植範圍來設置蔗埕，將甘蔗依照時間送往製糖場。

由於橋頭製糖場試辦效果良好，加上數家製糖會社擁有雄厚資金的推動下，全臺製糖會社紛紛跟進。而製糖會社為運送糖至日本內地，也興築糖業鐵道通往國有鐵道，再由國有鐵道運送至海港，運往日本，總督府也於 1910 年發布第 90 號命令，給予糖業鐵道連結國有鐵道規範，再以第 96 號訓令補充之。〔註7〕位於濁水溪南岸的日糖首先鋪設營業線〔註8〕（將於下節詳述），除載運乘客外，也提供日本職員作為往來日本與臺灣的交通工具，同時輔以專用線的鐵道，幫助運送甘蔗，待營業線完工後，便開始鋪設專用線。而北岸的林糖也分別築起田中至溪州、溪州至二林之間的營業線鐵道，連結國有鐵道，再逐步興築其他專用線運送原料。隨著製糖會社的經營規模逐漸成長，原料區增加，原料區內的專用線也隨之增長，並建立起市街之間的經濟關係。

〔註4〕伊藤重郎，《臺灣製糖株式會社史》（東京：臺灣製糖株式會社東京出張所，1939），頁 12。

〔註5〕產糖率於日治時期又稱為步留，其詞又源自日本，為製糖過程經過一步步製糖步驟後，所留下來糖分的比率名詞。在運送甘蔗的過程中會影響步留，糖分會逐漸轉化為葡萄糖，步留會下降，因而影響製糖品質。

〔註6〕渡部慶之進，《臺灣鐵道讀本》（東京：春秋社，1939），頁 261。

〔註7〕陳清文，〈臺灣運輸業之史的研究〉，《臺灣銀行季刊》，1：2（1947），頁 63～77。

〔註8〕糖業鐵道分為營業線及專用線，營業線提供一般客貨運的服務，專用線則只提供製糖會社載運社用貨物之用。

一、總督府相關法令的頒布

　　私設鐵道主要由民間經營，但相關法令的依據仍以總督府所發布之命令為主，於 1906 年首先於鐵道部倉庫課下設立監督課，負責指導監督私設鐵道的營運。〔註9〕總督府於 1908 年發布律令第 20 號制訂「臺灣私設鐵道規則」，〔註10〕包含鐵道的鋪設及運輸經營必須受總督府許可，總督府有權派遣官員監督鐵道的工事、設備、運輸、維護，鐵道及附屬物的讓渡、貸渡及擔保必須受臺灣總督府許可，使鐵道也視為公共道路提供一般交通運輸。

　　接著同日發布府令 73 號「臺灣私設鐵道規則施行細則」〔註11〕，細則包含私設鐵道業者必須在總督府管轄內設立事務所，鋪設鐵道必須提出暫時許可才得以申請。許可或暫時許可需向廳長提出申請書，許可的申請書必須附上線路實測圖、工事的方法、工費預算書、公共利益的證件、營運收支概算書及說明書；暫時許可的申請書必須附上線路預測圖，詳細記錄線路經過的地區。當鐵道鋪設目的及工事變更時需附有申請表及詳細說明相關細節總督府才得以許可。在鐵道工事完工後，必須向鐵道部長遞出完工報告圖。

　　除此之外，同日也發布府令 74 號「臺灣私設鐵道營業規則」，〔註12〕重要的內容包含對旅客的規範及鐵道營業者相關注意事項，特別是軍人及軍需物資的運輸上，規範鐵道業者需以半價優待之，而私設鐵道於戰時必須提供軍用之義務。

　　在臺灣私設鐵道規則、臺灣私設鐵道施行細則、臺灣私設鐵道營業規則的頒布下，日糖與林糖分別開始經營起自家的糖業鐵道，位於南岸的日糖初始選擇以斗六街為中心，向外鋪設鐵道線，預定修築 108 哩，工事費達 120 萬，〔註13〕但因斗六街無大溪流提供製糖，加上 1907 年〈製糖場原料採取區

〔註9〕　臺灣總督府，〈臺灣總督府鐵道部分課規程中改正〉,《臺灣總督府府報》第 2107 號，1906 年 12 月 28 日，頁 83。

〔註10〕　臺灣總督府，〈臺灣私設鐵道規則〉,《臺灣總督府府報》第 2602 號，1908 年 12 月 26 日，頁 86～87。

〔註11〕　臺灣總督府，〈臺灣私設鐵道施行細則〉,《臺灣總督府府報》第 2602 號，1908 年 12 月 26 日，頁 87～93。

〔註12〕　臺灣總督府，〈臺灣私設鐵道營業規則〉,《臺灣總督府府報》第 2602 號，1908 年 12 月 26 日，頁 94。

〔註13〕　總督府鐵道部，《臺灣總督府鐵道部第八年報 明治三十九年度》（臺北：臺灣總督府鐵道部，1907），頁 96。

域〉製定下原料區遼闊，遂將製糖場遷往五間厝，〔註14〕除建築製糖工場外，也興築鐵道運輸原料甘蔗，並於同年開始申請糖業鐵道的鋪設，〔註15〕初始為北港線（不在本研究範圍）、西螺線、油車仔線（又稱竹圍子線），分別通往位於五間厝製糖場南面的北港、北面的西螺及東北面的竹圍仔（今斗六市竹圍）。期間，日糖必須受總督府核可後才得已鋪設鐵道，並且附上暫時許可申請書及線路圖，從總督府公文類纂中得知，由於鐵道線段分屬不同時期完成，公文類纂資料眾多，因此筆者不再細列，但能知申請資料必須詳細記錄申請人、使用路段、目的及期限、租金及鐵道工程圖等，不只是日糖，濁水溪以北的林糖、鹽水港製糖株式會社（以下簡稱鹽糖）、明治製糖株式會社（以下簡稱明糖）在申請鋪設糖業鐵道的情形也亦同。

二、糖業鐵道初設時面臨的問題

　　新式製糖業者對鐵道經營相當重視，對於製糖能力大的新式工場而言，鐵道的鋪設可將新鮮的甘蔗以最短時間運往製糖場製糖，為降低運輸及原料成本，鐵道的選定包括：1.通往可成為大片蔗園的地區 2.可以節省建設費與保費的路線 3.鐵道經營除專用線（甘蔗原料）外，尚兼有營業線（一般客貨運）的價值。〔註16〕而製糖會社生產費用之中，原料費用最高，佔 54%，其次為農事費用 11%、製造費用 9%、營業費用 10%、販賣費用 8%，鐵道費用則佔 8%，雖然鐵道費用僅佔 8%，但一旦發生風、水災，河川常沖毀鐵道，造成損失，也因此使得保養及修繕費用佔鐵道費用的 60%，高於佔 40%的運輸費。〔註17〕

　　早在 1907 年日糖鋪設鐵道時，自日本運送耐火磚、鐵道建材與機關車來臺，並於虎尾溪上鋪設橋樑，〔註18〕也向日本栗本商店（今栗本鐵工所）購入 7 萬根枕木。〔註19〕五間厝製糖工場鐵道工程穿過新虎尾溪通往西螺地區以及製糖工場穿過虎尾溪通往他里霧（今斗南），成為工事中的一大問題，前

〔註14〕五間厝製糖工場於 1920 年地方行政區劃分制度改正後，改稱虎尾製糖工場。
〔註15〕總督府鐵道部，《臺灣總督府鐵道部第九年報 明治四十年度》（臺北：臺灣總督府鐵道部，1908），頁 116。
〔註16〕相良捨男，《經濟上より見たる臺灣の糖業》（東京：同著者，1919），頁 336。
〔註17〕相關花費詳見相良捨男，《經濟上より見たる臺灣の糖業》，頁 293，引自陳玟瑾，〈日據初期臺灣糖業與交通運輸關係探究（1896～1918）〉，頁 27。
〔註18〕〈南部製糖及輕鐵（上）〉，《臺灣漢文日日新報》，1907 年 10 月 11 日，版 4。
〔註19〕〈大日本製糖の枕木〉，《臺灣日日新報》，1907 年 5 月 9 日，版 4。

者在濁水溪護岸〔註 20〕工程尚未完工的情形下，建築鐵道渡過新虎尾溪相當困難，見 1925 年〈日治五萬分之一地形圖〉得知日糖為減少興築橋樑及風災修繕的花費，鋪設糖業鐵道自五間厝製糖場跨過新虎尾溪後，再分支成數條糖業鐵道線（見圖 2-1、圖 2-7）。後者則早期興築木造橋樑，兩者每當雨季來臨時，新虎尾溪、虎尾溪常因水患而造成河川周遭地區的損失，規劃橋樑穿過新虎尾溪及虎尾溪則仰賴於當時的土木工程的技術，1911 年日糖興築橋樑已達 42,450 萬。〔註 21〕但在日糖鐵道課長小野干城〔註 22〕的領導下，克服渡過新虎尾溪、虎尾溪的任務，特別是後者他里霧線虎尾鐵橋的鋪設，將木造橋樑重新改建為鋼梁，此時僅有橋墩及橋樑，其連結虎尾製糖工場及他里霧。〔註 23〕至 1910 年 10 月為止，已逐步完成數條橋樑興築及鐵道的鋪設工作，包括五間厝以北已鋪設 3 條糖業鐵道西螺線、油車仔線及崙背線及 7 條鐵橋，〔註 24〕分別於 1911 年、1910 年、1913 年修築完成，總里程已達 41 公里。〔註 25〕

　　位於北岸的林糖鐵道向總督府申請鋪設始於 1909 年，〔註 26〕並於隔年通過核准，在計劃鋪設的過程中碰到連絡地抉擇的問題；以溪州為起點，必須在員林、田中、二水，擇一作聯絡點。由於糖業鐵道的貨運與國有鐵道的運費有關，鐵道部認為如果運輸路程超過 160 公里，可打折，對貨主有利而選擇員林；時兼任林糖管理人的糖務局技師小花和太郎認為員林相對於田中遠些，行車成本比打折後的價格多，因此選擇田中做據點；林糖鐵道技師河野市次郎則以鋪設鐵道的成本，主張二水為佳，最終由管理人小花和太郎的主張為主，選擇田中做為連絡林本源製糖場的據點。〔註 27〕1909 年開始逐步完

〔註 20〕 保護河岸的工作物，包含堤防與護岸，據馬鉅強的解釋護岸為防止水流的侵蝕作用而攝的工作物，而張素玢則指出其為河岸的表面（土的表面）做保護土面的構造物，譬如砌石塊，打樁等以避免河岸受河水沖刷而崩塌，並分為內、外護岸。

〔註 21〕 臺灣總督府鐵道部，《臺灣總督府鐵道部第十年報 明治四十一年度》（臺北：臺灣總督府鐵道部，1909），頁 119。

〔註 22〕 小野干城，日本新潟人。曾進入臨時臺灣土地調查局、臺灣總督府鐵道部擔任技手，1908 年退休後，擔任日糖鐵道係主任，1920 年任鐵道課長。

〔註 23〕 雲林縣虎尾巴文化協會，《虎尾開發史》（雲林：虎尾鎮公所，2006），頁 58。

〔註 24〕 臺灣總督府，〈工場財團〉，《臺灣總督府府報》第 3075 號，1910 年 10 月 15 日，頁 39～40。

〔註 25〕 臺灣總督府鐵道部，《臺灣總督府鐵道部第十五年報 大正二年度》（臺北：臺灣總督府鐵道部，1913），頁 141。

〔註 26〕 〈林家製糖場近況〉，《臺灣日日新報》，1909 年 10 月 19 日，版 3。

〔註 27〕 佐藤吉治郎，《臺灣糖業全誌·會社篇》（臺中：株式會社臺灣新聞社，1926），頁 137～138。

成橋樑及鐵道的鋪設工作，至隔年9月完工，名為田中線（又稱林本源鐵路），由於經過舊水溪主流及支流、八堡圳、莿仔埤圳及其排水圳道，單此條鐵道共修築8座橋樑，總里程達14公里，〔註28〕由於林糖鋪設橋樑較多，花費也較高，達61,074圓，較南部日糖鋪設的橋樑建築費高。〔註29〕

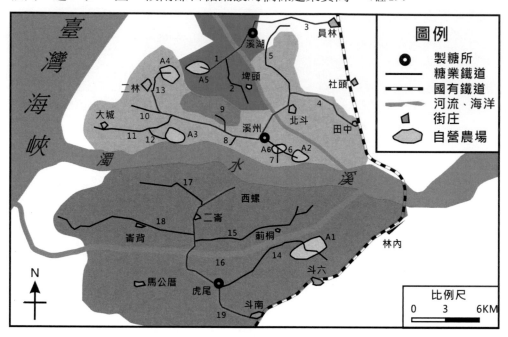

圖2-1　1921年濁水溪沖積扇平原糖業鐵道分布圖

資料來源：依據1925年日治五萬分之一地形圖；1921年鐵道部年報重繪。

說明：紅線為營業線，黑線為專用線；粉色區塊為林糖原料區，綠色區塊為明糖原料區，橘色區塊為源成農場範圍，淡青色區塊為日糖原料區。

線路及編號對照：*表示營業線

明糖：1.二林線*；2.連交厝線；3.員鹿線*

林糖：4.二林田中線*；5.海豐崙線；6.潮洋厝線；7.三條圳線；8.田頭線；9.大灣線；10.路上厝線；11.大城厝線；12.九塊厝線；13.山寮線

日糖：14.油車仔線；15.樹仔腳線；16.西螺線*；17.大庄線；18.崙背線；19.斗南線*

農場與編號對照：

A1竹圍子農場；A2圳寮農場；A3九塊厝農場；A4二林農場；A5大排沙農場；A6溪州農場

〔註28〕臺灣總督府，〈工場財團〉，《臺灣總督府府報》第3284號，1911年7月22日，頁62。

〔註29〕臺灣總督府鐵道部，《臺灣總督府鐵道部第十一年報・統計表》（臺北：臺灣總督府鐵道部，1911年），頁111。

　　田中線在初始營運的過程中，也碰上水患災的問題，如 1911 年 8 月受到暴風雨侵襲，北岸的林糖專用線皆停止運轉。〔註 30〕隔月又發生風災，臺中廳受害嚴重，由於林糖專用線鐵道沿著濁水溪畔修築，當大水一來，便造成損害，此次災害單是專用線鐵道的修復費就達 5 萬，〔註 31〕隔年的水災再次侵襲臺中廳，造成林糖專用線鐵道不少損失。〔註 32〕連續不斷的風災，使林糖初期在原料區及鐵道線的經營上頗為困難，甚至日糖及 1918 年辜顯榮改良糖廍為減少興築橋樑及風災修繕的花費，鋪設糖業鐵道自五間厝製糖場與溪湖製糖場跨過新虎尾溪及舊濁水溪後，再分支成數條糖業鐵道線的情形。（見圖 2-1、圖 2-7）

表 2-1　日糖與林糖初期鋪設鐵道及相關費用（圓）

	日糖			林糖		
	軌道費	橋樑費	土木工程費	軌道費	橋樑費	土木工程費
1909 年	283,800.00	42,450.00	40,373.00	—	—	—
1910 年	354,021.03	49,315.96	54,546.36	42,218.14	61,074.22	35,967.39
1911 年	361,422.12	49,349.91	55,440.82	119,576.97	66,212.63	42,124.36
1912 年	395,029.62	102,233.66	64,755.45	166,103.63	70,312.19	47,940.05
1913 年	494,409.48	147,593.37	67,515.56	166,103.63	70,312.19	47,940.05

資料來源：1909～1913 年，〈建設費〉，《臺灣總督府鐵道部年報・統計表》。

　　為解決水患帶來的原料區內甘蔗及鐵道損失，林糖於是與總督府合作，在臺灣總督府民政部土木局之下設立濁水溪治水工事事務所，〔註 33〕於 1912 年正式建築護岸及堤岸等工事，工事範圍北至舊濁水溪，南至北港溪。〔註 34〕先於右岸南投廳濁水庄進行第一護岸工事、左岸嘉義廳林內庄進行第二、第三護岸工事。1913 年進行延長第一護岸工事，1915 年於左岸下游處再築第四、第五護岸工事。〔註 35〕總督府依照原計畫將原本的濁水溪流路分流部分阻

〔註 30〕〈鐵道風雨害〉，《臺灣日日新報》，1911 年 8 月 31 日，版 1。
〔註 31〕〈糖社破損〉，《臺灣日日新報》，1911 年 9 月 18 日，版 3。
〔註 32〕〈臺中廳下降雨被害〉，《臺灣日日新報》，1912 年 6 月 20 日，版 2。
〔註 33〕野島虎治，〈濁水溪の河川改修と砂防〉，《水利科學》，12：6（1969），頁 42。
〔註 34〕〈目覺しき護岸工事〉，《臺灣日日新報》，1913 年 4 月 18 日，版 1。
〔註 35〕臺灣總督府土木局，《臺灣總督府土木事業概要》（臺北：同著者，1916），頁 10～11。

斷，一部分與主流合流，封阻舊濁水溪、新虎尾溪、虎尾溪等洪水的水流而將西螺溪（現今濁水溪）作為主流，〔註36〕新虎尾溪成為鹿場課圳的排水道、舊濁水溪成為八堡圳排水系統之一、虎尾溪則為北港溪上游，並將水源頭改至斗六、林內山區。

1915年完成濁水溪北岸護岸工程，花費工費38,000日圓修築下水埔的護岸，58,000日圓翻修九塊厝護岸。〔註37〕護岸完工後，仍無法阻擋洪水，1913年新虎尾溪沖毀堤防，危急日糖西螺鐵道線。〔註38〕1918年又建築堤防工事，直到1920年完成，治水才告一段落。一方面使濁水溪南北岸的民眾生命財產得以保障，另一方面也減少林糖及日糖原料區內的損失，更因此獲得河川浮覆地，成為該地區農業發展的基礎。

第二節　糖鐵營業線的多元收益

糖業鐵道分為營業線及專用線，營業線提供一般客貨運的服務，專用線則只提供製糖會社載運社用貨物之用，於1934年後更增設砂利線供興築工事之用。

1908年7月製糖會社除經營甘蔗貨運的專用線外，也開始向總督府爭取開設營業線鐵道，提供一般貨運及客運。根據《臺灣日日新報》的報導得知總督府為尋求地方發展的便利性，向日本內閣提出私設鐵道營運相關法規，但遲遲無法審核下來，因此在總督府建議以「命令條件」的方式執行，〔註39〕加上另一則同年《臺灣日日新報》的報導指出「臺灣製糖會社預計在8月28日東京的總會議案中，針對組織規定第一條第四項中，會社的鐵道、輕便鐵道及船舶，加記旅客及貨物的運送，因此各會社也將會增加此項營業項目。」〔註40〕接著根據蔡龍保爬梳《總督府公文類纂》指出糖業鐵道如單純作為會社搬運用者，總督府會向會社徵收一定之租稅，如若作為會社搬運線兼提供一般交通使用，通常以無償使用官有道路獎勵之。〔註41〕故在總督

〔註36〕馬鉅強，〈日治時期臺灣河川政策研究——以治水為中心〉（臺南：國立成功大學歷史學系博士論文，2015），頁156。

〔註37〕〈臺中廳下護岸落成式〉，《臺灣日日新報》，1915年4月23日，版2。

〔註38〕〈私設鐵道被害〉，《臺灣日日新報》，1913年7月22日，版8。

〔註39〕〈私鐵案の成行〉，《臺灣日日新報》，1908年7月28日，版2。

〔註40〕〈糖鐵と定款改正〉，《臺灣日日新報》，1908年8月14日，版2。

〔註41〕蔡龍保，《推動時代的巨輪　日治中期的臺灣國有鐵路（1910～1936）》（臺北：

府的規範及獎勵下，製糖會社兼有載客的服務，直至 1920 年濁水溪沿岸已有 3 條營業線。

一、營業線客運的經營

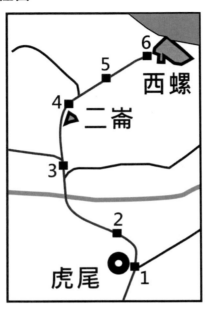

圖 2-2　西螺線車站及位置分布圖

1.虎尾站；2.埒內站；3.田尾站；4.二崙站；5.永定厝站；6.西螺站

資料來源：依據 1925 年日治五萬分之一地形圖；臺灣總督府鐵道部，〈營業粁與營業開始年月表〉，《臺灣總督府鐵道部第二十九年報 昭和二年度（1927）·統計表》（臺北：臺灣總督府鐵道部，1928），頁 202 重繪。

自清代至日治初期，大坵田堡開發以土庫為主，五間厝直到製糖場興盛後才活絡起來，製糖場員工也多以日本內地人為主，為方便這些製糖場往來內地及臺灣方便，日糖於是於 1908 年完成糖鐵他里霧線〔註42〕連結國有鐵道提供客運服務，〔註43〕並於 1910 年提供客運服務，〔註44〕另一方面，西螺地區由於自清代已為農產重鎮，在地方士紳的努力下，爭取鐵道線自五間厝通

臺灣書房出版有限公司，2007），頁 381。

〔註42〕他里霧於 1920 年地方行政區劃分制度改正後改稱斗南，而糖鐵線則改稱斗南線。

〔註43〕〈大日製糖〉，《臺灣漢文日日新報》，1908 年 11 月 3 日，版 4。

〔註44〕臺灣總督府，〈大日本製糖株式會社鐵道線路五間厝他里霧間運輸營業開始ノ件〉，《臺灣總督府府報》第 2883 號，1910 年 2 月 1 日，頁 2。

往西螺地區，於 1912 年完工，設有五間厝、埒內、田尾、二崙、西螺站等 5
站，五間厝站因 1920 年實施行政區劃改制，更名為虎尾站，後於 1927 年增
設永定厝站。（見圖 2-2）

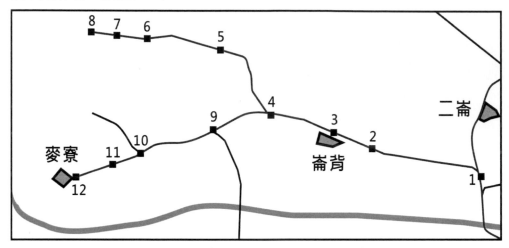

圖 2-3　崙背線及麥寮線車站及位置分布圖

1.田尾站；2.羅厝站；3.崙背站；4.五塊厝站；5.貓兒干站；6.施厝站
7.橋頭站；8.三姓站；9.大有站；10.興化厝站；11.霄仁厝站；12.麥寮站
資料來源：依據 1925 年日治五萬分之一地形圖；1956 年聯合勤務總司令部測量處二
　　　　　十五萬分之一地形圖；臺灣總督府鐵道部，〈營業哩與營業開始年月表〉，
　　　　　《臺灣總督府鐵道部第三十八年報 昭和十一年度（1936）‧統計表》（臺
　　　　　北：臺灣總督府鐵道部，1937），頁 283 重繪。

　　崙背線於 1909 年開始興築，主要與西螺線共用鐵道，自田尾、湳仔一
帶分岔往西至大有，初始興建至崙背一帶，達 5 公里，1913 年興築至興化厝，
達 12 公里。1922 年興築 4 公里崙背線第二延長線自五塊厝至施厝寮，為貓
兒干線。由於海口地區交通不便，庄民向日糖提出交涉設置營業線，方便海
口交通，最後日糖允諾，於 1927 年轉而兼營營業線，〔註 45〕成為日糖於新
虎尾溪以北第二條營業線，設有田尾至施厝（今麥寮鄉施厝寮），後於 1934
年將鐵道線延伸至橋頭（今麥寮鄉橋頭），把中橋頭聚落分割成兩塊，合併
於頂橋頭及下橋頭、〔註 46〕接著於 1936 年再次延伸至三姓（今麥寮鄉三盛），

〔註 45〕〈日糖鐵道 三線營業開始〉，《臺灣漢文日日新報》，1927 年 6 月 12 日，版 4。
〔註 46〕〈日糖社設 鐵道開通 廿日盛大舉式〉，《臺灣漢文日日新報》，1934 年 11
　　　　月 21 日，版 4。

〔註47〕至 1934 年為止，貓兒干線共 8 站，總路程達 14 公里。而原至興化厝的崙背線也為同年轉為營業線，於 1933 年延長至麥寮，為麥寮線，成為新虎尾溪以北第三條營業線，設有五塊厝至麥寮等 5 站。（見圖 2-3）崙背線除客運用途外，也成為運送大量人力的媒介，特別是 1926 年於崙背爆發的退職官員土地糾紛事件，即利用糖業鐵道運送大量警員至當地進行戒護，防止蔗農反抗。〔註48〕

表 2-2　日糖營業線經營概況

	完工時間	完工里程	行駛路徑	範圍	農場	備註
西螺線	1912 年	15.6 公里	西螺、永定厝、二崙、田尾、垺內、五間厝	西螺堡及大坵田堡		日糖第一條營業線
崙背線	1913 年	18.89 公里	田尾、湳仔、崙背、興化厝	西螺堡、布嶼堡、海豐堡	大有農場	1927 年兼營營業線
麥寮線	1933 年	7.7 公里	五塊厝、大有、麥寮	西螺堡、布嶼堡、海豐堡		1933 年於興化厝延長至麥寮

資料來源：1909～1939 年〈營業哩與營業開始年月表〉，《臺灣總督府鐵道部年報・統計表》。

　　位於北岸的林本源合名會社、辜顯榮改良糖廍也分別設有營業線，前者設有田中至二林線、後者設有二林至員林線，田中至二林線又分為兩段時間設立，一為田中至溪州段，另一為溪州至二林段。田中至溪州段於 1910 年完工，全長 14 公里，依各時段設有田中至溪州等 6 站，連結國有鐵道田中車站。另一條溪州至二林線於 1912 年完工共 15 公里，並設有路口厝（今溪州鄉溪垹厝）至二林等 5 站，並將兩條營業線連接，共 11 站 29 公里，1931年又增設中潭、北勢、溪垹厝、大灣、鹿寮等 5 站，二林線已達 16 站（見圖 2-5）。

〔註47〕黃儒柏訪問、記錄，〈蔡昆明先生訪問紀錄〉（未刊稿），2016 年 4 月 8 日，於麥寮施厝寮。

〔註48〕〈崙背の土地拂下劇（下）　打つて變五四地方民の態度　緣邊を辿つて贌耕を懇願〉，《臺灣日日新報》，1926 年 7 月 17 日，版 2。

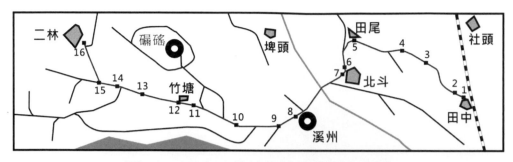

圖 2-4　田中二林線車站及位置分布圖

1.田中站；2.中潭站；3.外三塊厝站；4.鎮平站；5.田尾站；6.北斗站；7.北勢站
8.溪州站；9.溪墘厝站；10.路口厝站；11.大灣站；12.竹塘站；13.鹿寮站
14.外蘆竹站；15.番子田站；16.二林站

資料來源：依據 1925 年日治五萬分之一地形圖；1956 年聯合勤務總司令部測量處二
　　　　　十五萬分之一地形圖；臺灣總督府鐵道部，〈營業哩與營業開始年月表〉，
　　　　　《臺灣總督府鐵道部第年報　昭和六年度（1931）‧統計表》（臺北：臺灣
　　　　　總督府鐵道部，1932），頁 218 重繪。

表 2-3　林糖、鹽糖營業線經營概況

	完工時間	完工里程	行駛路徑	範圍	農場	備註
田中二林線	1912 年	29.3 公里	田中、田尾、北斗、溪州、竹塘、二林	東螺西堡、東螺東堡、深耕堡、二林下堡		田中央至溪州段於 1910 年完工，溪州至二林線於 1912 年完工至二林

資料來源：臺灣總督府鐵道部，〈營業哩與營業開始年月表〉，《臺灣總督府鐵道部第
　　　　　年報　昭和六年度（1931）‧統計表》（臺北：臺灣總督府鐵道部，1932），
　　　　　頁 218。

　　營業線設立之初，搭乘營業線的人數少，隨著營業線經營的發展，搭乘
營業線的人數也跟著增多，從圖 2-6 中得知，林糖二林線自 1911 年開通後，
增加 20,000 人次，日糖也持續增加中，直到 1917 年時，日糖及林糖營業線人
數增加已超過 20 萬人次及 10 萬人次，各為 1910 年初始經營的 10 倍之多，
在客運收入方面日糖及林糖更比 1910 年收入多 15 倍及 10 倍，顯現出營業線
日益活絡。直到 1920 年日糖及林糖營運的高峰為止，日糖每日已有 1,000 人
數的營運量，而林糖每日則有 440 人的營運量，對於地方交通的發展，具有
一定的幫助。

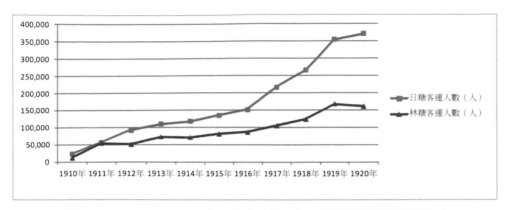

圖 2-5　1910～1920 年日糖及林糖營業線客運經營概況

資料來源：依據 1910～1920 年，〈營業線之旅客及貨物數量〉，《臺灣總督府鐵道部年
　　　　　報‧統計表》。

表 2-4　辜顯榮改良糖廍與明糖營業線經營概況

	完工時間	完工里程	行駛路徑	範圍	農場	備註
二林線	1918 年	19.15 公里	溪湖、西勢 厝、小埔心、 大排沙、二林	溪湖庄、埤 頭庄、二林 庄		

資料來源：臺灣總督府鐵道部，〈營業哩與營業開始年月表〉，《臺灣總督府鐵道部第二
　　　　　十一年報　大正八年度‧統計表》（臺北：臺灣總督府鐵道部，1920），頁 171。

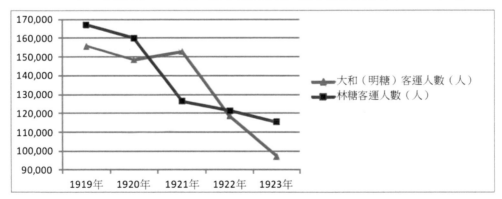

圖 2-6　大和（明糖）與林糖客運營運狀況

資料來源：依據 1919～1923 年〈營業線之旅客及貨物數量〉，《臺灣總督府鐵道部年
　　　　　報‧統計表》。

　　位於濁水溪北岸的辜顯榮改良糖廍也經營起營業線，於 1917 年開始申
請鋪設二林線，隔年 1918 年完工，全長 19 公里，並設有溪湖至二林等 5 站。

（見表2-4）明治製糖會社於1920年收購辜顯榮所開設的大和製糖後，依1919年所頒布的府令第 13 號「臺灣私設鐵道規則及施行細則」增列私鐵經營轉移的相關條文，內容改正為「私設鐵道相關財產的繼承與開辦由總督府許可。」〔註49〕故將大和製糖旗下糖業鐵道轉移至明治製糖名下。〔註50〕由於林糖已將營業線連結至二林，明糖與林糖的鐵道線均連結國有鐵道，導致兩者在客貨運具有競爭性（見圖2-6），加上由於物價的上升，不景氣的衝擊，使總督府於 1920 年強迫各製糖會社調整營運區間及業務，特別是客運費的增加，〔註51〕因此明糖不得不作出廢線的抉擇，於 1922 年 6 月將營業線二林線廢止。〔註52〕

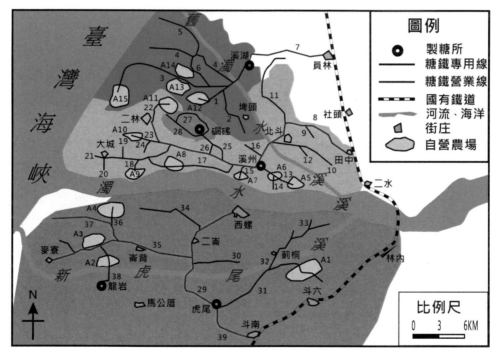

圖 2-7　1941 年濁水溪沖積扇平原糖業鐵道分布圖

〔註49〕臺灣總督府，〈私設鐵道規則施行細則中改正〉，《臺灣總督府府報》第 1780 號，1919 年 3 月 12 日，頁 29。
〔註50〕臺灣總督府，〈製糖場事業承繼〉，《臺灣總督府府報》第 2220 號，1920 年 10 月 12 日，頁 52。
〔註51〕臺灣總督府鐵道部，《臺灣總督府鐵道部第二十二年報 大正九年度》（臺北：臺灣總督府鐵道部，1921），頁 109。
〔註52〕臺灣總督府，〈明治製糖會社鐵道溪湖二林間運輸營業線廢止〉，《臺灣總督府府報》第 2684 號，1922 年 6 月 17 日，頁 65。

資料來源：依據 1925 年日治五萬分之一地形圖；1944 年日治二萬五千分之一地形圖；
　　　　　1944 年美軍五萬分之一地形圖；臺灣總督府交通局鐵道部，《臺灣總督府
　　　　　交通局鐵道部昭和十六年度年報·統計表》（1941）；1953 年聯合勤務總司
　　　　　令部測量處五萬分之一地形圖；1956 年聯合勤務總司令部測量處二十五萬
　　　　　分之一地形圖；1960 年溪湖糖廠區域圖重繪。
說明：紅線為營業線，黑線為專用線。粉色區塊為鹽糖原料區，綠色區塊為明糖原料
　　　區，橘色區塊為源成農場範圍，淡青色區塊為日糖原料區
線路及編號對照：*表示營業線
明糖：1.大排沙線；2.牛稠子線；3.王功線；4.萬興線；5.漢寶線；6.萬合線；7.員鹿線*
林糖：8.二林田中線*；9.中圳線；10.二水線；11.海豐崙線；12.下水埔線；13.潮洋厝
　　　線；14.三條圳線；15.水尾線；16.瓦厝線；17.九塊厝線；18.尤厝線；19.溝子墘
　　　線；20.下山腳線；21.大城厝線；22.山寮線；23.路上厝線；24.火燒厝線
源成農場：25.大湖線；26.大灣線；27.丈八斗線；28.二林線
日糖：29.西螺線*；30.樹仔腳線；31.油車仔線；32.莿桐線；33.砂利線；34.大庄線；
　　　35.崙背線*；36.舊庄線；37.貓兒干線*；38.大有線；39.斗南線*
農場與編號對照：
A1 竹圍子農場；A2 阿勸農場；A3 大有農場；A4 貓兒干農場；A5 圳寮農場
A6 溪州農場；A7 水尾農場；A8 九塊厝農場；A9 尤厝農場；A10 中西農場
A11 二林農場；A12 大排沙農場；A13 舊趙甲農場；A14 萬興農場；A15 後寮農場

二、觀光效益

　　在 1908 年國有鐵道開通後，鐵道部為宣傳臺灣的觀光，遂發行《臺灣
鐵道旅行案內》，提供日本內地人至臺灣觀光所需要的旅遊簡介。1918 年一
次大戰後，各國逐漸注意到觀光事業的重要，認為觀光事業對於經濟的影
響相當高。在此潮流下，日本於 1931 年成立國際觀光局，接著又陸續成立
國際觀光協會及日本旅行協會，透過地方性的運輸機關、地方團體、旅館
業者，在官民合作下，達成觀光宣傳及觀光事業的目的。〔註 53〕隨著觀光
旅遊在民間的發酵，由交通局鐵道部辦理相關推展臺灣觀光事務，並聯合
數個觀光事業機構推行觀光事業，包括：日本旅行協會、日本旅行俱樂部
臺灣支部、臺灣旅行俱樂部、日本觀光聯盟臺灣支部以及國家公園等相關
觀光機構。〔註 54〕

〔註 53〕羽生南峰，〈臺灣觀光事業の促進を望む〉，《交通時代》7：6（1936），頁 73。
〔註 54〕蔡龍保，《推動時代的巨輪 日治中期的臺灣國有鐵路（1910～1936）》，頁 242
　　　　～244。

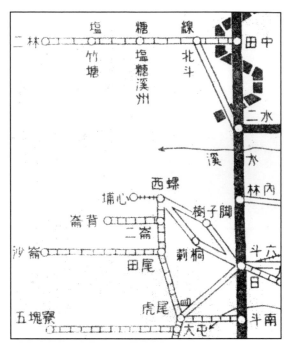

圖 2-8　二林線及西螺線

資料來源：《臺灣鐵道旅行案內（昭和 10 年版）》，頁 83。

　　除提供旅遊簡介及設立觀光機構外，同時利用電影、《臺灣日日新報》等報章雜誌以廣告作宣傳，1935 年博覽會舉行期間，更設有臺灣館加以介紹及宣傳臺灣地區的特色。不僅如此，日人來臺觀光旅遊也提供多項優惠，包括接駁車、票價優待、團體優待等，在 1937 年旅遊券的發行後，憑一張票券便能方便地至臺灣旅遊，再加上聯運業務的發展，由鐵道轉乘其他交通工具，更提升觀光旅遊的便利性。〔註 55〕

　　由鐵道部推展的觀光事業也與地方私人會社聯營，特別是林糖及日糖所經營的營業線，當時的日本觀光客以地方發行及鐵道部發行的旅遊相關書籍、雜誌指出濁水溪下游有不少觀光景點，包括風景區、地方名產、海水浴場等，透過路線圖的指示，觀光客可以很快地得知如何利用各種交通工具前往。〔註 56〕接著轉乘國有鐵道、私設鐵道、汽車到達目的地，如：二林至田

〔註 55〕日本旅行協會臺灣支部，《臺灣鐵道旅行案內》（臺北：臺灣日日新報社，1935），頁 16。

〔註 56〕李依陵，《日治時期觀光與地方發展之研究——以臺中州為例》（臺中：中興大學歷史學系碩士論文，2009），頁 45。

中線上的北斗街（北斗旅館、北斗郡役所）、鹽糖溪州製糖所、三五公司源成農場、二林庄（二林旅館）、沙山庄市場、北斗及二林之間的遊獵地；西螺線的西螺街（盛產斗柚、米）、虎尾街（虎尾郡役所、虎尾旅館）、日糖製糖所、莿桐北白川宮能久親王遺跡等，〔註57〕均是遊客觀光的去處。

　　此外，每當夏天炎炎灼熱之際，海水浴場成為遊客親水的好去處。位於臺中州沙山庄的海水浴場自 1927 年以來已有許多遊客朝聖，如：田中蘭社詩人林建忠邀請社友至沙山海水浴場旅遊，透過二林至田中營業線抵達二林庄後，在公醫翁廷泉的帶領下，轉乘自動車至沙山海水浴場。〔註58〕隔年正式開辦後，更吸引大批人潮搭乘二林至田中營業線至沙山海水浴場。南岸臺南州四湖庄的三條崙海水浴場也於 1927 年開辦，如：北港郡職員乘日糖營業線轉乘自動車至三條崙海水浴場。〔註59〕透過臺灣日日新報的報導及鐵道部的推廣，帶動私設鐵道對於地方性觀光的發展。

三、宗教活動帶來的效益

　　日糖的糖業鐵道除發展觀光外，也著重每年前往北港朝天宮參拜數十萬香客運送之利。自 1911 年起，五間厝通往北港地區的營業線完工，與西螺線連結，每年至北港朝天宮參加祭典的香客絡繹不絕，日糖又與北港製糖會社削價競爭，〔註60〕吸引搭乘日糖列車往返西螺與北港之間，參拜者達 20,000 人至 30,000 人以上，甚至 1920 年西螺福興宮前往北港朝天宮進香時，隨行者更達 10,000 餘人。〔註61〕從總督府鐵道部年報可知日糖在 1920 年時，載客人數達 371,059 人，載客收入達 90,001.27 圓，〔註62〕雖然無法完全確定該線乘客皆是前往朝天宮參拜，但從其龐大運輸量來觀察，仍可保守估計前往朝天宮的香客數量，應該不在少數。〔註63〕

〔註57〕由 1924～1942 年《臺灣鐵道旅行案內》整理而成。

〔註58〕〈田中蘭社吟友 遊沙山海水浴場〉，《臺灣日日新報》，1927 年 8 月 24 日，版4。

〔註59〕〈諸羅/赴海水浴〉，《臺灣日日新報》，1928 年 7 月 3 日，版 4。

〔註60〕〈地方近事 嘉義 日糖線割引〉，《臺灣日日新報》，1920 年 5 月 5 日，版 4。

〔註61〕〈嘉義 一萬人の行列〉，《臺灣日日新報》，1920 年 4 月 28 日，版 4。

〔註62〕臺灣總督府鐵道部，《臺灣總督府鐵道部第二十二年報‧統計表》（臺北：臺灣總督府鐵道部，1921），頁 186、196。

〔註63〕鄭螢憶，〈科技、信仰與地方發展——日治時期私設鐵路與北港朝天宮之關係〉，《暨南史學》，頁 123。

　　根據鄭螢憶《國家、信仰與地方社會：笨港媽祖信仰的發展與變化（1694～1945）》得知在皇民化運動之前，臺灣宗教上已出現抨擊民間信仰的聲音，[註64]特別是在 1926 年，《臺灣日日新報》刊登一則燒紙錢是一種低俗的行為後，[註65]導致 1934 年北港地區金銀紙鋪業受到影響，加上敬神觀念日益稀薄，香客日益減少。[註66]這也直接影響到日糖所經營的西螺至北港、虎尾的營業線，從《總督府鐵道部年報》發現，1934 年的載客人數已下降至105,521 人，收入只剩 21,346.38 圓，[註67]1938 年後，在皇民化的影響下，朝天宮委員為配合振作國民精神的提倡，而關閉金爐，廢除燒金銀紙這項習俗。[註68]當年日糖營業線經營狀況與 1920 年代相比仍顯低迷，載客人數為132,014 人，收入為 23,708.00 圓，[註69]因此可知宗教活動的減少是糖業鐵道營業線收入下降的原因之一。

四、農產品的運輸

　　糖業鐵道營業線除了經營客運外也提供貨運的服務，1910 年代初期由於糖業鐵道的發展未成熟，經營狀況尚不穩定，日糖經營的西螺、北港線，自1910 年五間厝貨物掛成立後，經營貨運業務，[註70]貨運總數雖達 14,000 噸以上，但隔年經營狀況卻降至 4,500 噸，直到 1913 年才回到 12,000 噸的貨運量（見附錄一），這是由於濁水溪氾濫造成客貨運停擺所致，而林糖所經營的田中、二林線則只完工田中至溪州段，二林至溪州段則至 1912 年才完工，因此 1910 年林糖所經營之貨運較日糖來的少。

　　隨著營業線的發展，林糖自 1912 年完工二林至溪州段後，奮起直追其他製糖會社，於 1915 年超過濁水溪以南的日糖，1919 年來到貨運營運的高峰，日糖為 28,017 噸，林糖則為 41,637 噸。隔年由於一戰後，國有鐵道貨

〔註64〕鄭螢憶，《國家、信仰與地方社會：笨港媽祖信仰的發展與變化（1694～1945）》（南投：國立暨南國際大學歷史學系碩士論文，2010），頁 121。

〔註65〕〈燒金紙等之俗宜廢〉，《臺灣日日新報》，1926 年 5 月 1 日，版 4。

〔註66〕〈北港朝天宮總會〉，《臺灣日日新報》，1934 年 10 月 12 日，版 4。

〔註67〕臺灣總督府鐵道部，《臺灣總督府鐵道部第三十六年報・統計表》（臺北：臺灣總督府鐵道部，1934），頁 270、280。

〔註68〕〈北港の媽祖廟で金銀紙はお斷し〉，《臺灣日日新報》，1938 年 2 月 13 日，版 5。

〔註69〕臺灣總督府交通局鐵道部，《臺灣總督府交通局鐵道部昭和十三年度年報・統計表》（臺北：臺灣總督府鐵道部，1939），頁 352、362。

〔註70〕楊彥騏，《虎尾的大代誌》（雲林：雲林縣文化局，2003），頁 153。

運熱潮衰退，加上物價騰貴，影響糖業鐵道貨運的經營，〔註71〕日糖與林糖的營運分別跌至 21,773 噸及 22,578 噸，直到隔年才回轉。1922 年後，日糖貨運量超過林糖，但 1925 年林糖受二林蔗農事件影響，蔗農發起拒絕種植甘蔗的運動以抵抗林糖的剝削，〔註72〕導致事業停滯，日糖運量為林糖的兩倍，林糖被鹽糖併購後，直至二次大戰的 1939 年為止，日糖仍持續領先鹽糖的貨運量。

　　貨運的運送服務包含數種，鐵道部將 1910～1930 年間的私設鐵道運輸分為 7 類，分別為米、雜糧、甘蔗、砂糖、薪炭、食品、雜品，除雜品外，日糖自 1910 年代起均以運米及雜糧為大宗，林糖則因經營的原料區內土地較差，種植稻作不利而在 1917 年之前均以雜糧作為大宗，1918 年後林糖原料區的稻作受到第一次世界大戰，日本內地米價暴跌影響，日本政府決定將臺灣米移入日本而調整米價，稻米的運輸才有所增加。〔註73〕1920 年後，蓬萊米的引入，使稻米種植狀況逐年增長，再加上西螺米為輸出日本稻米的大宗，〔註74〕日糖營業線北端起點位於西螺，日糖及林糖稻米的運輸量也隨之遞增（見附錄一），1927 年日糖米的運輸量更達 27,740 噸，為全臺私設鐵道稻米運輸之冠。西螺米也是南北運輸的重要貨運。1930 年因虎尾溪鐵橋遭洪水沖毀，造成西螺地區肥料、雜貨、日用品及穀物的運送中斷，西螺米也受影響而無法運送至斗南車站轉運。為使鐵橋能早些完工，西螺街長廖重光聯合米商，向日糖交涉，〔註75〕於是日糖於 1931 年重建虎尾溪橋，並加裝鋼樑及護欄，〔註76〕可見日糖營業線對於西螺地區的稻米來說，為其重要經濟命脈。1927 年後，林糖被鹽糖所取代，初始運輸不穩，稻米運輸降至 4,000 噸以下（見附錄二），1932 年鹽糖一度好轉，然而 1930 年代日糖與鹽糖仍受到自動車發展的衝擊，〔註77〕運輸量前者降至 20,000 噸以下，後者降至 10,000 噸以下，由

〔註71〕森重秋陽，《臺灣交通小史》（臺北：臺灣交通協會，1943），頁 128～130。

〔註72〕洪長源，〈蔗農事件發生的始末〉，《二林蔗農事件：殖民地的怒吼》（彰化：彰化文化局，2007），頁 110。

〔註73〕江夏英藏，《臺灣米研究》（臺北：臺灣米研究會，1930），頁 98～100。

〔註74〕程大學總主編；呂建孟等撰稿，〈經濟產業與設施〉，《西螺鎮志》（雲林：西螺鎮公所，2000），頁 5～18。

〔註75〕〈虎尾溪鐵橋流失 西螺早穀不能運出〉，《漢文臺灣日日新報》，1930 年 8 月 12 日，版 4。

〔註76〕雲林縣虎尾巴文化協會，《虎尾鎮開發史》，頁 58。

〔註77〕蔡龍保，《推動時代的巨輪 日治中期的臺灣國有鐵路（1910～1936）》，頁 200。

於日本內地米價受到政府保護，蓬萊米因臺灣生產成本比日本米低，利潤高，〔註78〕稻米運輸量又於 1935 年後逐年提高，並於 1939 年創新高，達至 40,000 噸的量（見附錄三），比全臺第二大營業線帝國製糖於南投至臺中運輸稻米量多兩倍。

　　西螺除米為特產之外，也以斗柚而聞名，於 1927 年日日新報中也記錄「西螺街多有栽培斗柚，內外馳名，每年亦有献上宮內。九重曾賜御名曰南國名產。」可見西螺斗柚聲名遠播。〔註79〕接著自 1931 年出版的臺灣俯瞰圖（圖 2-9）得知，旅客可藉由國有鐵道轉乘糖業鐵道至西螺購買斗柚。二林線則將二林街、沙山庄的蚵蠣、海產等特產運銷〔註80〕至八卦山地街庄，田中庄的鳳梨、龍眼、竹筍等也藉由二林線運往海岸街庄，而這些特產更可藉由田中庄的國有鐵道銷售至全臺灣及日本內地。

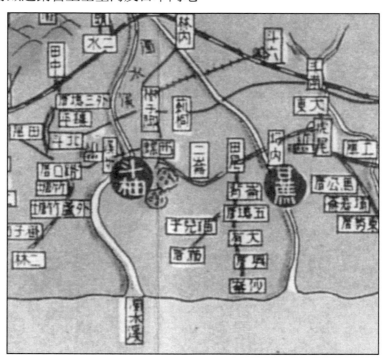

圖 2-9　臺灣俯瞰圖下的西螺

〔註78〕高橋龜吉，《現代臺灣經濟論》（東京：千倉書房，1937），頁 196～198。
〔註79〕〈西螺/斗柚暢消〉，《漢文臺灣日日新報》，1927 年 12 月 7 日，版 4。
〔註80〕洪慶宗，《鐵道風情錄──田中中路里的故事》（彰化：彰化文化局，2009），頁 150。

為方便運送糖包及農產品至臺灣及日本內地，在興建糖業鐵道五分軌的同時，也加設七分軌，稱「官線引入線」，此設計為五分軌外再增設七分軌。1908 年日糖他里霧線完工時，未配置此一設施，直到 1931 年在虎尾溪鐵橋興建時才施設七分軌。〔註 81〕而員鹿線雖於 1919 年開通，但未配置此一設施，直到 1936 年才增加七分軌。〔註 82〕設置的目的是讓國有鐵道與糖業鐵道均能使用此鐵道，減少於員林站及他里霧站卸裝貨的時間，方便糖包的運輸，〔註 83〕甚至利用五分軌的糖業鐵道提供修復主要七分軌鐵道之用。〔註 84〕

從附錄十日糖及林（鹽）糖營業線客運與貨運比較中得知，日、林糖在 1911～1923 年期間以客運為發展主力，林糖在 1923～1926 年客貨運呈現均衡發展，1926 年後則轉為貨運發展，日糖則到 1929 年後才轉為貨運為主的經營狀態，兩者的客貨運發展至 1933 年來到最低，甚至鹽糖的客貨運收入更回到 1910 年代初期的情形。

製糖會社除了營業線的經營外，以糖業鐵道運送甘蔗、糖的專用線及專門載運砂石的砂利線也將於下節探討，並有專用線深入濁水溪中的移民村甘蔗園載運甘蔗的情形，更發展出為建立移民村而設立專用線中的砂利線運送建材之用。

第三節　糖鐵專用線的運輸

一、農場的增加與糖業鐵道的延伸

在原料區大致底定後，原料區仍有所增減，但並未大範圍的擴張，由於 1912～1920 年治水事業逐步完成，使舊濁水溪降低水患的影響，開始有所拓墾，於是明糖及林糖將原料區面積延伸至海岸線沙山庄一帶，原料區面積因

〔註 81〕〈虎尾斗南間日糖鐵橋工費按廿五萬圓　經本社認可現起工中〉，《臺灣日日新報》，1931 年 1 月 30 日，版 4。

〔註 82〕《明治製糖株式會社第五十三回營業報告書（昭和 11 年前半期）》，頁 10。

〔註 83〕黃儒柏訪問、記錄，〈施金受先生訪問紀錄〉（未刊稿），2015 年 12 月 6 日，於彰化縣員林鎮施金受先生家中；石井禎二，〈私設鐵道營業線めぐり（九）〉，《臺灣鐵道》第 257 號（1933 年 11 月），頁 11。

〔註 84〕黃儒柏訪問、記錄，〈張濱發先生訪問紀錄〉（未刊稿），2015 年 12 月 25 日，於彰化縣溪湖鎮臺糖溪湖糖廠加油站。

而增加。〔註85〕期間製糖會社間也有互相併購的情形，在總督府試圖以日資壟斷臺灣製糖業的政策下，辜顯榮經營的大和製糖場及其農場於1920年被明糖所兼併。林糖也因1925年所爆發的二林蔗農事件而受創，再加上1927年發生的昭和金融恐慌，致使最大股東鈴木商店〔註86〕倒閉，因此林糖於1927年將工場轉讓給鹽糖。

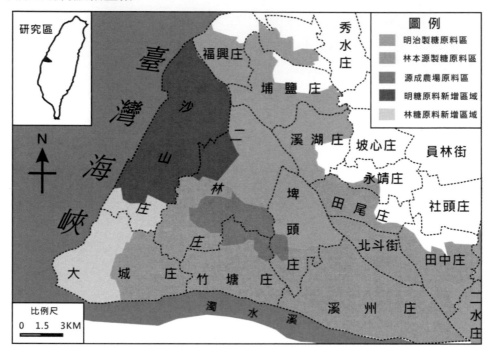

圖2-10　1921年10月明糖與林糖原料區追加區域圖

資料來源：根據臺灣總督府，〈製糖場原料採取區域〉，《府報》第3032號，1910年8月23日，頁46～48；臺灣總督府，〈製糖場原料採取區域變更〉，《府報》第1264號，1917年4月14日，頁48；臺灣總督府，〈製糖場事業承繼〉，《府報》第2004號，1919年12月26日，頁114；臺灣總督府，〈製糖場事業承繼〉，《府報》第2220號，1920年10月12日，頁52；臺灣總督府，〈製糖場原料採取區域追加〉，《府報》第2484號，1921年9月28日，頁83。

〔註85〕臺灣總督府，〈製糖場原料採取區域追加〉，《總督府府報》第2484號，1921年9月28日，頁83。

〔註86〕鈴木商店臺北支店負責人平高寅次郎為林本源製糖株式會社最大股東，其持股比為44.7%，由於1927年鈴木商店倒閉後，林本源製糖也同時遭受損害，使其不得已將名下資產轉賣給鹽水港製糖株式會社；《林本源製糖株式會社第九回營業報告書（1922年）》，頁13；黃紹恆，《臺灣經濟史中的臺灣總督府》（臺北：遠流出版社，2010年4月），頁164～184。

　　然而自濁水溪南北岸的製糖會社擁有大規模原料區後，大多的土地仍為未開拓之荒地，包括河川浮覆地及海岸地區的砂丘地。〔註87〕海岸地區的砂丘地於1929年後，在總督府的鼓勵下，種植防風林達成防砂的效果，並增加土地耕作面積，1933年後以每年88,800公尺種植防風林，共實施八年，〔註88〕製糖會社也開始進行整地的工作，興建鐵道以搬運河川浮覆地及海岸地區的砂石，如：濁水溪以北的北斗街在溪底採石而鋪設鐵道，〔註89〕作為整地之用。而蔗作的種植也在這八年中有所增加，自附錄十一表中得知1938年防砂整地的效果明顯，與1932年相比，植蔗面積已增加3倍以上。

　　製糖會社為增加甘蔗單位面積產量及步留，於適合種植甘蔗的區域設置製糖會社農場，大規模植蔗，濁水溪以南的日糖首先經營農場事業，並於嘉義廳竹園仔庄（今斗六市竹園子）設竹園子農場，接著於1911年鋪設油車仔線深入農場以增加甘蔗收成的速度；林糖也於同年經營林本源製糖場東南邊的圳寮農場（今溪州鄉圳寮），並鋪設潮洋厝線（下霸線）深入農場。在農業環境逐漸改善期間，許多荒地逐漸改造成良田，得以種植甘蔗，於是製糖會社又陸續經營多座農場，如日糖於新虎尾溪以北經營的竹園子農場、貓兒干農場、大有農場、阿勸農場，林糖經營的溪州農場、九塊厝農場、二林農場、中西農場，明糖經營的舊趙甲農場、大排沙農場、萬興農場、後寮農場，鹽糖除沿襲林糖經營的農場外，也經營尤厝農場、水尾農場，這些農場均有鐵道深入，有助於製糖會社運輸甘蔗之便。（見圖2-7）

　　原料區內也設立原料駐在所，除設駐在指導員負責掌理原料區內的地籍、蔗農戶口等文書處理外，設有2～3位原料委員共同管理原料區內的大小事，〔註90〕在旗下更設有工頭幫助蔗農採收甘蔗，原料委員負責鼓勵栽種甘蔗及運送甘蔗至製糖場的任務，特別是運送甘蔗的任務中，必須嚴格把關，監督蔗農，避免蔗農及他人偷取甘蔗，並與蔗農於採收期間每日往來製糖場及原料區之間，這些原料委員也兼任地方仕紳等頭人，包括地方保正、組合

〔註87〕彰化、雲林一帶靠近海岸之區域因夏季炎熱、冬季強風，砂丘隨風移動，鹽份嚴重，不利於植物生長。

〔註88〕臺中州役所，《臺中州概觀・昭和15年版》（臺中：臺中州役所，1940），頁62～63。

〔註89〕施文炳總編輯，〈頂寮（東、西寮里）耆老口述歷史座談會紀實〉，《彰化縣口述歷史・第六集（上）》（彰化：同著者，2002），頁15。

〔註90〕高橋龜吉，《現代臺灣經濟論》，頁249～250。

理事、方面委員，為地方重要人物，更有經營自營農場者，提供製糖會社甘蔗原料，如二林庄謝蚶目、陳勳等人，因此常與製糖場往來密切。〔註91〕

　　原料採取區的甘蔗種植面積的多寡影響鐵道的運輸情形，筆者利用臺灣總督府鐵道年報進行整理（見附錄十一）得之，初始日糖與林糖的糖業經營不穩定，時常遭受濁水溪的氾濫造成損失，特別是在 1913 年水患造成甘蔗的產量減少，更促使鐵道的甘蔗及砂糖的運輸量比去年來的少。1915 年後，濁水溪護岸工事的建立，使濁水溪一帶的糖業經營情形逐漸獲得改善，並有所成長，社用運輸也隨之提升，1920 年濁水溪沿岸林糖專用線已有 31 公里，日糖已有 49公里。（以下專用線鐵道里程只包含舊濁水溪至新虎尾溪一帶的鐵道線）

　　1921 年臺中州農民蔡有發明「糊仔甘蔗」，〔註92〕使甘蔗得以提早種植，達到早植的效果，並節省水稻收割後的整地費，農民也更加有意栽種甘蔗，日後的 5 年內日糖虎尾製糖場、林糖林本源製糖場、明糖溪湖製糖場的鐵道運輸量也在此影響下快速增加，1924 年甘蔗運輸量分別已達 686,202 噸、320,227 噸、132,890 噸，砂糖運輸量達 50,610 噸、17,502 噸、12,865 噸。1926年受蓬萊米栽培普及的影響，〔註93〕種植甘蔗的面積大微減少，導致日糖與林糖收成的甘蔗運輸量分別自 1926 年的 724,413 噸及 280,029 噸銳減至 1927年的 456,967 噸及 190,980 噸，促使砂糖的產能及收入也跟著降低，而林糖也因二林蔗農事件導致經營不善，被鹽糖所承繼，種植面積減少的現象直到 1928年才有所改善，以上製糖會社種植甘蔗的狀況使 1926 年至 1928 年之間濁水溪沿岸的鐵道興築並無太大的增長。

　　1928 年受到自 1920 年代引進爪哇大莖種蔗苗〔註94〕不斷改良後，增加單位面積產量，日糖種植大莖種蔗苗已達 2,252 甲，鹽糖種植 1,792 甲，〔註95〕隔年日糖與鹽糖種植甘蔗的面積又回到 1925 年之前，明糖則僅種植 520 甲大莖種蔗作，但總體種植面積與 1926 年比較無較大增長。直到 1932 年日糖、

〔註91〕張素玢，〈濁水溪邊際土地的開發與農村菁英的崛起〉，收於陳慈玉主編，《地方菁英與臺灣農民運動》（臺北：中央研究院臺灣史研究所，2008），頁 411～419。
〔註92〕佐藤吉治郎，《臺灣糖業全誌·會社篇》，頁 122～123、125～126、132。
〔註93〕吳育臻，〈臺灣糖業「米糖相剋」問題的空間差異（1895～1954）〉（臺北：臺灣師範大學地理學系博士論文，2003），頁 106～107。
〔註94〕杉野嘉助，《臺灣糖業年鑑·昭和三年版》（臺北：臺灣通信社，1927），頁 86～88。
〔註95〕臺灣總督府官房調查課，〈農業〉，《臺灣總督府第三十二統計書》（臺北：同著者，1930），頁 338。

鹽糖、明糖種植甘蔗面積達至另一高峰，製糖會社鐵道運輸量也隨之增加，1928 年至 1932 年日糖專用線除崙背線轉為營業線外，又增加大有線、舊庄線及莿桐線，達 43 公里，鹽糖專用線增加達 57 公里，並連結田頭線與九塊厝線，明糖專用線則興築萬興線，線路已達 41 公里。然而 1933 年因世界經濟不景氣，鐵道運輸量也遭受影響，日糖、鹽糖、明糖自 1932 年的甘蔗運輸量 1,147,063 噸、398,975 噸、243,090 噸下降到 826,898 噸、217,325 噸、131,640 噸，1933 年總督府發布米穀統治法，限制米的價格及輸出入，並鼓勵水田轉作甘蔗，〔註96〕加上 1934 年後移民村的建立及 1933 年至 1942 年另一波北岸防風林的種植，〔註 97〕使甘蔗種植增加，以致於濁水溪的糖業又進入下個高峰，日糖植蔗面積為 13,564 甲，鹽糖為 4,783 甲，明糖則為 4,677 甲，較去年增加 3,000、1,500 及 2,500 甲。濁水溪南岸的防風林自 1937 年於崙背、土庫等海口地區開始建立，並使日糖原料採取區內的甘蔗種植增加，〔註 98〕甘蔗運輸也隨之提升，使得糖業鐵道又進入全盛時代，興築里程也分別有所突破，至 1938 年日糖最高甘蔗運輸量已達 1,428,030 噸，而鹽糖急起直追，達 744,845 噸，1939 年明糖也達 578,394 噸。直到二戰時，濁水溪南北岸的日糖專用線為 44 公里，鹽糖專用線已達 75 公里、明糖則有 57 公里。

　　專用線鐵道除載運社用貨運甘蔗及糖外，也提供不定期貨運營業，主要為 12 月至 2 月製糖期間之外的時間，但僅包辦貨運，與營業線的定期貨運比較下，未具備固定的時間及班次，如：日糖於 1911 年起便開設油車仔線、樹仔腳線、崙背線、大庄線等不定期貨物運輸營業，〔註99〕筆者在參閱 1910 年至 1941 年間《鐵道部年報・貨物類別表》各製糖工場別營業線後，發現日糖不定期貨物運輸主要貨物以雜品為主，一年可達 10,000 噸，其他貨物如

〔註96〕 吳育臻，〈臺灣糖業「米糖相剋」問題的空間差異（1895～1954）〉，頁 110～111。

〔註97〕 〈殖產局十年繼續　五州防風林計畫　耕地造成防風林〉，《臺灣日日新報》，1933 年 8 月 24 日，版 8。

〔註98〕 〈日糖區域の防風林　虎尾、北港兩郡下で　造成關係耕地二萬餘甲〉，《臺灣日日新報》，1939 年 1 月 23 日，版 2。

〔註99〕 臺灣總督府，〈大日本製糖株式會社私設鐵道油車仔線外二線不定時運輸營業許可ノ件〉，《臺灣總督府府報》第 3062 號，1910 年 9 月 30 日，頁 68；臺灣總督府，〈大日本製糖株式會社鐵道大埤頭線外六線貨物運輸營業開始ノ件〉，《臺灣總督府府報》第 330 號，1913 年 10 月 5 日，頁 11；臺灣總督府，〈大日本製糖株式會社鐵道樹仔腳線及同支線貨物運輸營業開始ノ件〉，《臺灣總督府府報》第 484 號，1914 年 5 月 6 日，頁 21。

米、雜糧、食品等運送比例相對少，僅達數百噸，北岸的林糖、明糖則在鐵道部年報中未有相關貨物運輸營業的統計資料，故推測未設置不定期貨物運輸營業。

表 2-5　日治時期專用線里程的增長及影響因素

年代	專用線里程	影響里程增加原因	社用貨物運輸量狀況
1909～1915 年	日糖 42 公里 林糖 36 公里	水患	不穩定
1915～1920 年	日糖 49 公里 林糖 31 公里	濁水溪護岸工事完成	提升
1921～1924 年	日糖 54 公里 林糖 36 公里 明糖 30 公里	「糊仔甘蔗」種植技術的創新	提升
1925～1927 年	林糖、日糖、明糖皆無增長	蓬萊米栽培普及、二林蔗農事件爆發	下降
1928～1933 年	日糖 43 公里* 鹽糖 57 公里 明糖 41 公里	引進爪哇大莖種蔗苗	提升
1933 年	林糖、日糖、明糖皆無增長	世界經濟不景氣	下降

說明：整理自此段；*表示 1927 年崙背線、貓兒干線轉為營業線。

　　以上筆者限於史料無法掌握到每條專用線運輸的狀況，如：位於新虎尾溪南岸屬於大日本製糖的龍岩製糖場於 1935 年開工後，崙背以西的大有線、貓兒干線、舊庄線所屬原料區及貓兒干、阿勸、大有等農場之甘蔗則需送往龍岩製糖場壓榨，〔註100〕大有線、貓兒干線、舊庄線這三條專用線的甘蔗運輸量仍需未來進一步確認。雖受限於史料，但從鐵道部年報中仍可知專用線的運輸仍受原料區內甘蔗的種植面積所影響。

二、移民村的交通運輸

　　在日本殖民臺灣之初，由於日本內地人口不斷增加、為達成農業臺灣、工業日本之目的，在總督府調查工作展開後，日資們便招募人民來臺開墾，

〔註100〕臺灣總督府鐵道部，〈線路〉，《臺灣總督府鐵道部第三十七年報　昭和十年度・統計表》（臺北：臺灣總督府鐵道部，1936），頁 270。

也多移居於臺灣東部地區，但因移民時間過於倉促、衛生及治安問題仍未改善，加上東部自然環境險惡，均以失敗收場。1922 年總督府改變移民政策，改以臺灣人為移民對象，開始放領官有地給日籍退職官員，安排日人在臺永久居留。1932 年總督府又再次推動官營移民的政策，原因為三，其 1 為受到國內金融恐慌所引起的通貨膨脹影響，導致失業人口回到農村。2.退職官員造成的民怨事件後，總督府對於土地政策轉趨謹慎。3.臺灣治水與水利工程的完工，提供浮覆地農耕。在以上條件下使日本人來臺及久居的意願提高。〔註 101〕

護岸工程使農業利用價值不高的河川埔地，開始具備初步的生產條件。有了堤防的保障，濁水溪的溪埔地展開土地開墾，〔註 102〕大致上濁水溪獲得近 37,000 甲耕地與 6,655 甲畑地，〔註 103〕所以濁水溪成為進行河川試驗的指標性河川，除防範洪患外，也做為防止土地流失進而增加農業面積之用，〔註 104〕符合日人山形要助〔註 105〕所主張治水方針的「阻斷無用的支流脈流，將之作為可能的開墾地。」〔註 106〕

在濁水溪整治後，由於舊濁水溪及新虎尾溪出現許多浮覆地，總督府為了提供日本移民住所，遂將其安置於浮覆地上，並建立移民村。舊濁水溪部分包含豐里村、香取村、鹿島村、秋津村、八洲村、利國村等六處，村內又可分數個聚落，共 27 個聚落，主要分別分散於北斗郡的沙山庄草湖、漢寶園，北斗街西北斗，田尾庄、埤頭庄、二林挖子。新虎尾溪部分包含榮村及春日村，村內分數個聚落，共 7 個聚落。（見圖 2-11）移民村的農業經濟為移民村的經濟命脈，農業經營影響官營事業的成功或失敗，濁水溪的移民村採多角化的經營，但透過 1941 年臺中州、臺南州作物面積得知，濁水溪南北岸的移民村除八洲村外均以甘蔗、水稻作物栽培為主，而甘蔗為製糖會社所收購。〔註 107〕

〔註 101〕張素玢，《臺灣的日本農業移民——以官營移民為中心》（臺北：國史館，2001），頁 136～168。

〔註 102〕張素玢，《歷史視野中的地方發展與變遷》，頁 123。

〔註 103〕〈本島治水事業〉，《臺灣日日新報》，1919 年 3 月 25 日，版 5。

〔註 104〕張素玢，《濁水溪三百年：歷史‧社會‧環境》（臺北：衛城出版社，2014），頁 74。

〔註 105〕山形要助曾於 1917 年擔任總督府河川調查委員會幹事，同年又任官設埤圳補償審查委員會幹事、水利委員會委員、市區計畫委員會委員等官職。

〔註 106〕作者不詳，《臺灣治水計畫說明書》（東京：出版項不詳，1917），未編頁碼。

〔註 107〕張素玢，《臺灣的日本農業移民——以官營移民為中心》，頁 282。

表 2-6　1941 年臺中州與臺南州官營移民村農作種植面積一覽表（單位：甲）

	臺中州					臺南州	
	豐里村	香取村	鹿島村	秋津村	八洲村	榮村	春日村
水稻	325	114	147	337	0	186	56
甘蔗	164	111	65	307	353	156	7
甘藷	125	67	60	72	127	237	74
豆類	7	38	22	61	0	72	8
蔬菜	12	4	0	24	70	17	3

資料來源：臺灣總督府殖產局，《臺灣農業年報 昭和十七年版》（臺北：同著者，1943），頁 169～170、174。

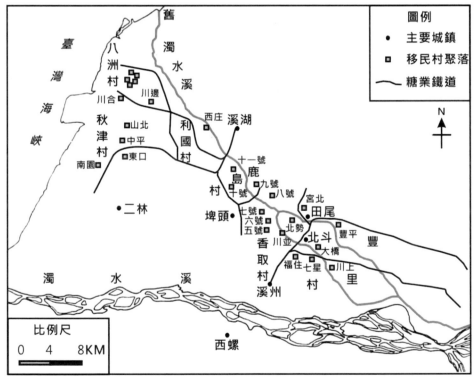

圖 2-11　濁水溪以北移民村的糖業鐵道分布概況

資料來源：依據 1944 年美軍五萬分之一地形圖；1956 年聯合勤務總司令部測量處二十五萬分之一地形圖；張素玢，《臺灣的日本農業移民——以官營移民為中心》，頁 185 重繪。

　　製糖會社為建立起聯絡移民村的糖業專用線，依據總督府鐵道部年報鐵道興築里程得知，經 1956 年聯勤二十五萬分之一地形圖疊圖後，可知 1932 年便有製糖會社鋪設糖業鐵道進入移民村的甘蔗園內，1932 年明糖延長原本的王功線來到山北、中平、東口、南園一帶。1934 年修築漢寶線通往八州村。1939 年修築連交厝線通往鹿島村。1932 年鹽糖二水線的開通，提供沿線的豐里村福住、七星、川上將甘蔗運往溪州製糖場。而位於北勢寮的香取村北勢、川並及豐里村豐平則已有田中線經過；豐里村的宮北也已有海豐崙線經過。

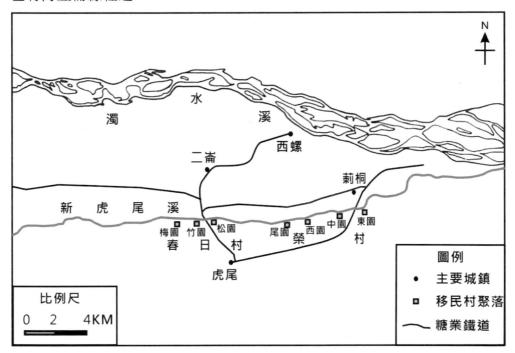

圖 2-12　濁水溪以南移民村的糖業鐵道分布概況

資料來源：依據〈1934 年五萬分之一莿桐庄管內略圖〉，《莿桐庄勢一覽表》（雲林：不詳，
　　　　　1934 年），無頁碼；1956 年聯合勤務總司令部測量處二十五萬分之一地形圖；
　　　　　張素玢，《臺灣的日本農業移民──以官營移民為中心》，頁 202 重繪。
說明：紅色實線為遭廢棄的樹仔腳線三塊厝、甘厝至埔子段。

　　在新虎尾溪沿岸也有糖業鐵道深入移民村，1932 年日糖為聯絡榮村東園與中園，強化交通上的方便，開始興築油車仔線與樹仔腳線的連接線，修築自大埔尾往北跨過新虎尾溪至莿桐，長 2.4 哩，並廢除樹仔腳線三塊厝、甘厝至埔子段，將原樹仔腳線改稱莿桐線。（見圖 2-12）而春日村松園、竹

園則已有營業線西螺線提供運送甘蔗。從以上可知移民村內的日本人所栽種的甘蔗，為運送甘蔗方便，製糖株式會社們便將糖業鐵道深入移民村內，不只減少了以牛車載運的成本，也考量到日本退職官員或農民在交通網絡上的方便。在移民村完成後，內地人也可自日本搭船轉乘國有鐵道、糖業營業線至移民村，如：北斗地區的移民則靠田中站的轉運往來於日本及北斗之間。〔註108〕

三、日糖專用線「砂利線」的開設

濁水溪由於其發源地區屬於極易風化的板岩、黏板岩地質區，河道中富含許多沉積物，濁水溪在流經二水鼻子頭隘口後，由於坡度變緩，加上流幅變寬，河道中的搬運的物質便依石粒大小向四方堆積。〔註109〕經長年累積後，濁水溪兩岸堆積起大量砂礫，這些砂礫所達之處，包含臺中州二水庄、溪州庄、臺南州莿桐庄、斗六街、西螺街，並影響這些地區農民在濁水溪沿岸的拓墾。

然而這些大量砂礫卻是非常重要的建材，起先為臺灣製糖株式會社阿猴製糖工場於1909年在檨仔腳（今高雄大樹區）鋪設砂利線以運輸砂石，〔註110〕1920年後運用在嘉南大圳的建築工事中，曾文溪因有大量砂石，成為嘉南大圳建築材料的來源，為運送曾文溪的砂石，公共埤圳嘉南大圳組合於1920年，特別申請增設鐵道線，〔註111〕直到1923年完成鋪設時，已陸續築起公共埤圳嘉南大圳組合砂利線，為建築水圳提供砂石。

1926年總督府積極建設臺灣道路事業，遂進入道路改良時期，造成1930年汽車普及率的增加，因此需要更大量的砂石來鋪設道路。在公路業者競爭的衝擊下，糖鐵營業線收入逐漸萎縮，日糖也加入辦理汽車聯營的行列，〔註112〕為謀取鋪設道路的利益，再加上濁水溪沿岸擁有豐富的砂石以鋪設道路，

〔註108〕張素玢，〈東螺溪畔移民村〉，《彰化縣口述歷史（一）》（彰化：彰化縣立文化中心，1995），頁132、136、143。

〔註109〕張瑞津，〈濁水溪平原的地勢分析與地形變遷〉，《地理研究報告》，11（1985），頁200～201。

〔註110〕〈阿猴短札/砂利採取〉，《漢文臺灣日日新報》，1909年5月2日，版4。

〔註111〕總督府鐵道部，《臺灣總督府鐵道部第二十二年報 大正九年度》（臺北：臺灣總督府鐵道部，1921），頁111。

〔註112〕小川嘉一，〈滿鮮臺連帶運輸に就いて〉，《臺灣鐵道》，第265號，（1934），頁2。

於 1933 年提出申請於濁水溪莿桐麻園樹仔腳線增設砂利線，〔註113〕1934 年完工，開採約 40 甲的砂石地，〔註114〕提供日糖在世界經濟不景氣之下除製糖事業額外的收入來源。同年虎尾郡開始改修道路，以州、街庄費用鋪裝砂利，〔註115〕據筆者推測，也與日糖經營之砂利線息息相關。

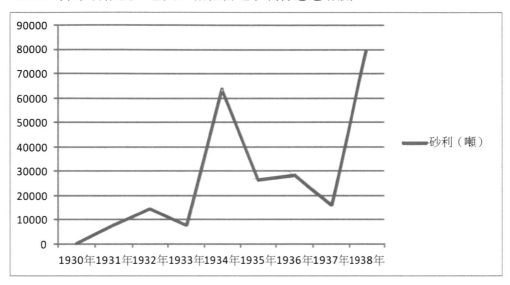

圖 2-13　虎尾製糖場砂利事業營運狀況（1930～1938）

資料來源：1931～1937 年《臺灣總督府鐵道部年報・統計表》、臺灣總督府交通局鐵道部，《臺灣總督府交通局鐵道部昭和十三年度・統計表》（1939）。

　　1932 年砂利線鐵道的興築對於 1934 年與 1938 年移民村榮村、春日村的建立有一定的正向作用（見圖 2-13），濁水溪的砂石成為移民村的建材，透過莿桐庄麻園地區的採石，運送至莿桐新虎尾溪後，便可興築移民村，使得移民村在日糖的幫助下得以快速興築。除濁水溪以南的砂利線開採砂石外，如前述所言，濁水溪以北的北斗街在溪底採石而鋪設鐵道，〔註116〕作為建材或整地之用。

〔註113〕總督府鐵道部，《臺灣總督府鐵道部第三十五年報 昭和八年度》（臺北：臺灣總督府鐵道部，1933），頁 83。

〔註114〕黃儒柏訪問、記錄，〈鄭坤木先生訪問紀錄〉（未刊稿），2016 年 5 月 1 日，於雲林縣莿桐鄉四合村百姓祠。

〔註115〕〈虎尾商業殷盛 道路鋪砂利〉，《漢文臺灣日日新報》，1934 年 9 月 13 日，版 8。

〔註116〕〈頂寮（東、西寮里）耆老口述歷史座談會紀實〉，《彰化縣口述歷史・第六集（上）》，頁 15。

小結

臺灣的糖業鐵道自 1906 年由山本悌二郎技師自布哇引入後，在全臺製糖會社的推波助瀾之下，逐漸興起，總督府也頒布臺灣私設鐵道規則、臺灣私設鐵道施行細則、臺灣私設鐵道營業規則等相關法令，約束相關會社在私設鐵道的營運，而濁水溪沿岸在林糖、日糖、明糖、鹽糖的經營下，也發展出數條糖業鐵道運輸甘蔗製糖，並形成營業線及專用線等應用趨勢，在營業線方面兼具客運、觀光、宗教及農產等多元效益，專用線方面則以原料運輸為主，特別是專用線受到原料區內農場的增加、植蔗面積的提升，使專用線的里程也逐步增長，雖然期間受到蓬萊米及世界經濟不景氣影響，一度運輸量下滑，里程增長停滯，但仍因製糖業的復甦而達至另一高峰。

濁水溪在 1920 年束水工程後，原濁水溪上則浮出許多浮覆地，移民村便興築於這塊土地上，這些移民村也種植甘蔗或其他作物，甘蔗的運輸有賴於糖業鐵道，因此糖業鐵道深入移民村內，將甘蔗運往製糖場。糖業鐵道不僅受河川影響，河川帶來的砂石更影響到糖業鐵道之興築，如日糖特別將樹仔腳線增設「砂利線」以利提供砂石，據推測與虎尾郡開始改修道路，以州、街庄費用鋪裝砂利有關，並在 1943 年提供飛行場的建造。然而糖業鐵道仍受到自動車的發達而衰退，下章將分析 1930 年後自動車的發達對於糖業鐵道的衝擊，並針對戰時糖業鐵道遭拆除的部分作探討。

第三章　糖業鐵道經營面臨的挑戰

　　糖業鐵道於日治時期並非持續發展，雖在 1920 年代來到高峰，但 1930 年代末至 1940 年代卻面臨起新的困難，特別是在公路運輸發達及戰爭的影響下，面臨起拆除及停滯的命運，因此本章將試圖回復糖業鐵道在 1930 年至 1940 年代面臨的問題，以及糖業鐵道在戰爭時的變遷。

第一節　公路運輸的衝擊及製糖會社的應對

　　公路運輸的發展自 1912 年臺灣出現第一輛汽車後，便逐步快速發展，在 1919 年臺北廳「自動車取締規則」〔註1〕發布後，自動車會社也逐一成立，全臺至 1931 年，自動車里程數已達國有、私設鐵道總和的 3 倍。〔註2〕

　　自動車的發展衝擊了鐵道，特別是運輸效益的差異：1.在速度及時間上，私設鐵道的行駛速度於市街中最高時速為 19 公里，〔註3〕至於汽車則因各州廳法規而有所不同，以臺中州、臺南州為例，前者在市街內最高速限為 24 公里，市街外為 29 公里，〔註4〕後者在市街內最高速限 12 公里，市街外為 24 公里，〔註5〕加上鐵道的貨物運送受到站務處理及列車運轉時間影響，因此私設鐵道在運輸時間上遠多於公路運輸的時間。2.在運輸距離上，濁水溪沿岸糖業鐵道的平均里數為 7.65 公里，然而世界性公認的公路里程為 50 公里，〔註6〕

〔註1〕《臺北廳報》，第 863 號，1919 年 9 月 26 日，頁 338～344。
〔註2〕蔡龍保，《推動時代的巨輪　日治中期的臺灣國有鐵路（1910～1936）》，頁 192。
〔註3〕臺灣總督府，〈臺灣私設軌道列車運轉規程〉，《府報》第 2676 號，1909 年 4 月 8 日，頁 33。
〔註4〕《臺中州報》，第 434 號，1923 年 5 月 22 日，頁 288。
〔註5〕《臺南州報》，第 189 號，1922 年 8 月 21 日，頁 218。
〔註6〕加賀山生光，〈鐵道の自動車對策〉，《臺灣鐵道》，第 276 號，（1935），頁 14。

在比較之下，公路運輸的自由性較私設鐵道廣。3.在費用上，鐵道運費雖然低廉，但使用私設鐵道的前後須以軌道及牛車接駁，增加運輸成本，往往導致私設鐵道運輸費用高於公路運輸。4.便利性上，鐵道須自行購買乘車票，經站務人員剪票後，方可搭乘，而公路在路邊即可搭乘，上車後再付費，省事省時。〔註7〕此外，汽車班次也較多，〔註8〕不需久等。5.在普及性上，至1934年止全臺公路運輸里程已增加至4,600公里，而私設鐵道的里程為505公里，私設鐵道僅有公路運輸的10%，〔註9〕可見私設鐵道的普及性已遠低於公路運輸，加上私設鐵道的經營需要龐大資本，不如公路運輸發達。〔註10〕由上述可知，公路運輸在速度、距離、費用、便利性、普及性上均比私設鐵道占優勢。

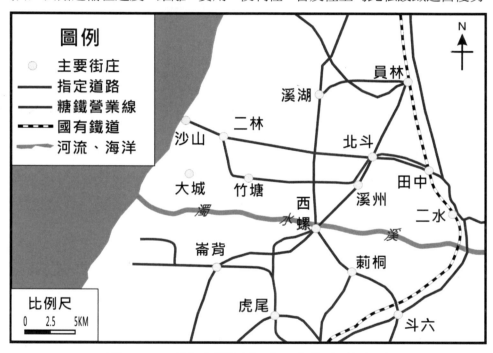

圖3-1　日治時期濁水溪沿岸指定道路圖

資料來源：改繪自中國工程師協會，《臺灣工業復興史》（臺北：中國工程師協會，1948）；1956年聯合勤務總司令部測量處二十五萬分之一地形圖。

說明：指定道路為收入道路臺帳的道路，與日本國內的國道或省道相當。

〔註7〕白勢黎吉，〈驛長諸君に望む〉，《臺灣鐵道》，第223號，（1931），頁9～10。

〔註8〕加賀山生光，〈鐵道の自動車對策〉，《臺灣鐵道》，頁19。

〔註9〕加賀山生光，〈鐵道の自動車對策〉，《臺灣鐵道》，頁12。

〔註10〕田村安一，〈自動車運輸の發達と鐵道運輸〉，《臺灣鐵道》，第224號，（1931），頁36～37。

　　就營業線客運觀之，在公路業者的衝擊下，於 1928 年後，有明顯減少的狀況，特別針對營業收入及載客人數來看，二林田中線在 1926 年來到高峰，載客人數達 174,404 人，客運收入 47,040.59 圓，直到 1930 年，載客人數僅剩 92,202 人，客運收入僅 21,531.30 圓；西螺、斗南、北港線在 1928 年來到高峰，載客人數達 378,742 人，客運收入達 110,481.04 圓，接著載客人數及客運收入持續逐年遞減。（見圖 3-2）由此可知，其營運受公路運輸業衝擊嚴重。

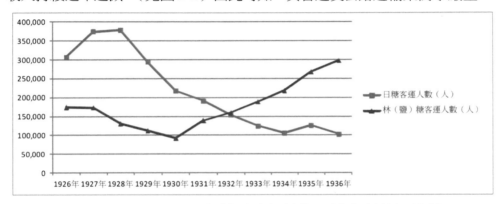

圖 3-2　1926～1936 年林（鹽）糖與日糖客運狀況比較

資料來源：詳見附錄七整理

　　公路業者競爭的衝擊影響國有鐵道的收入，總督府為了保障鐵道的利潤得以成長，開始兼營公路運輸，並收購中部多家汽車會社，〔註 11〕主要目的一則為救鐵道減收之窘境，一則是為了對公路運輸樹立根本政策，使鐵道、汽車融為一體。〔註 12〕由於國有鐵道經營公路運輸成績良好，私設鐵道業者包含製糖會社也紛紛效法，兼營公路運輸，〔註 13〕且透過聯合運輸達到交通發展的目的。鐵道部於 1931 年感受到隨著私鐵等地方交通的發展，聯運有其必要性，於同年 11 月 1 日頒布「島內聯運規則及處理細則」，〔註 14〕日糖製糖線於同年 12 月開始辦理聯運，主要提供一般旅客、行李及貨物的運送，但初始區域僅限北港、斗南間的營業線，〔註 15〕後又增加西螺線，據擔任西螺

〔註 11〕　〈中部乘合車買收　照鐵道部所發表價格　雙方圓滿解決〉，《臺灣漢文日日新報》，1934 年 8 月 28 日，版 8。
〔註 12〕　蔡龍保，《推動時代的巨輪　日治中期的臺灣國有鐵路（1910～1936）》，頁 214。
〔註 13〕　羽生國彥，《臺灣の交通を語る》（臺北：臺灣新民報社，1937），頁 409。
〔註 14〕　臺灣總督府鐵道部，《臺灣總督府鐵道部第三十三年報 昭和六年度》（臺北：臺灣總督府鐵道部，1932），頁 33。
〔註 15〕　小川嘉一，〈滿鮮臺連帶運輸に就いて〉，《臺灣鐵道》，第 265 號，（1934），頁 2。

保正的蕭權斌之子蕭欽禮所言，在聯運的幫助下，可直接至糖業鐵道驛站向站長訂往至日本東京的聯運票，僅需一張票便可遊覽至東京。〔註16〕濁水溪以北的鹽糖於隔年11月1日也辦理聯運，首先加入北斗站、溪州站、二林站，並於1933年陸續加入竹塘、鎮平、田尾等站，〔註17〕使二林田中線載客人數及客運收入提升，至1937年止，已有318,000人，3,906,364圓，而日糖崙背線等營業線則未加入聯運，使營運成績不理想，至1937年止，載客人數僅111,199人，客運收入僅2,204,323圓，呈現差異的增長。

在貨運方面，運送店扮演起聯運的中間者，1908年時，全臺僅有數家運送店以組合經營，其餘都是獨資經營。隨著各街庄逐步開設運送店，於1911年已有超過200個運送店，知名的運送店由日人經營，約66家，其中65個店位於鐵路停車場用地內或在火車站內，其餘分布在市區、港區及糖廠內。臺灣經營者約138家，143個本、支店，其中87個位於鐵路停車場用地。臺灣經營運送店多於日人，但日人經營資本規模大，有較多家開設支店。〔註18〕

1937年由臺灣四大製糖會社擔任董事的倉庫會社領導運輸業組合，此時全臺運送店已達800多家店，其包括以國有鐵道及私設鐵道周邊，這些運送店以自然競爭為主，產生倉庫會社、臺灣運輸、日本通運、日東商船、丸一組等五大日資運送業，臺灣鐵道運送物資為煤礦、米、糖、肥料、香蕉、木材等，約有7成之運送量由五大會社處理，剩餘的3成由佔大多數的運送店處理。〔註19〕

運送店的林立不僅增加運輸上的效益，對總督府施行的聯合運輸政策提供幫助，利用運送店的配置能力，營業線上的貨物可快速的轉運至其他交通工具上，加速貨物的流通，一來維持食品的新鮮度，二來減少大量運輸上的成本。自《彰化縣市街的歷史變遷》比照《臺灣海陸交通運輸便覽》得知濁水溪沿岸在營業線上的車站旁皆設有多家運送店（見表3-1）。

〔註16〕黃儒柏訪問、紀錄，〈蕭欽禮先生訪問紀錄〉（未刊搞），2016年2月28日，於雲林縣西螺鎮蕭欽禮先生家中。

〔註17〕蔡承豪，《田中鎮志·經濟篇》，頁393。

〔註18〕吳子政，〈日治時期臺灣倉儲與米出口運輸體系之探討〉（臺北：國立政治大學臺灣史研究所碩士論文，2007），頁28。

〔註19〕羽生國彥，《臺灣小運送業發達史》（臺北：臺灣交通協會，1941），頁461～462。

表 3-1　1928 年濁水溪沿岸營業線運送店概況

日糖西螺線			
驛名	市街庄名	運送業者	店主及主任
虎尾	虎尾郡虎尾庄	日東商船組支店	支店長恒吉安
虎尾	虎尾郡虎尾庄	小笠原運送店	店主小笠原忠一 主任小西勝太郎
埒內	虎尾郡虎尾庄埒內	無	無
田尾	虎尾郡二崙庄田尾	德記運送支店	店主王德合 主任謝吉
二崙	虎尾郡二崙庄二崙	德記運送支店	店主王德合 主任謝開花
西螺	虎尾郡西螺街	西螺運送店	店主王德合 主任林照
西螺	虎尾郡西螺街	日東商船荷扱所	支店長恒吉安
鹽糖田林線			
驛名	市街庄名	運送業者	店主及主任
田中	員林郡田中庄	田中央興業株式會社運送部	社長邱魏助
田中	員林郡田中庄	保坂運送本店	店主保坂監次郎
田中	員林郡田中庄	丸昌運送店	店主陳芳輝 主任蕭興詳
田中	員林郡田中庄	海陸運送店	謝若龍
外三塊厝	員林郡田中庄外三塊厝	無	無
鎮平	北斗郡田尾庄鎮平	丸德運送店	店主陳貂經
田尾	北斗郡田尾庄	丸洽運送店	店主林昆
田尾	北斗郡田尾庄	丸大運送店	店主陳大目
北斗	北斗郡北斗庄	丸東運送店	店主柯陵淵
北斗	北斗郡北斗庄	丸三運送店	店主黃泉
溪州	北斗郡溪州庄	保坂運送荷扱所	保坂監次郎
溪州	北斗郡溪州庄	元吉運送店	店主周元吉
路口厝	北斗郡埤頭庄路口厝	丸春運送店	店主吳甲
竹塘	北斗郡竹塘庄	保坂運送出張所	店主保坂監次郎

竹塘	北斗郡竹塘庄	丸坤運送店	店主詹長
竹塘	北斗郡竹塘庄	丸洽運送店	店主林昆
外竹塘	北斗郡二林庄外蘆竹塘	益興運送店	店主洪佐
外竹塘	北斗郡二林庄外蘆竹塘	丸同運送店	店主林安
番子田	北斗郡二林庄番子田	丸天運送店	洪文勢
二林	北斗郡二林庄	輝記運送店	施屈平
二林	北斗郡二林庄	錦發運送店	店主林瑤琨
二林	北斗郡二林庄	臺林物產公司運送部	公司長翁廷泉
二林	北斗郡二林庄	益成運送店	洪佐

資料來源：海陸運新聞社臺灣支局，《臺灣海陸交通運輸便覽》（臺中：同著者，1928），頁 109～110、135。

　　由上表分析，人口集中的地區，如：田中庄、虎尾庄，物流量大，運送店也較多，提供地區貨物的運輸。從運送業者中得知日糖西螺線運送店為 6 家，以日東商船組及王德合開設的運送店為主，日東商船組原為基隆商船組，自 1907 年因南部新式製糖業興起後，從製糖用機械、器具到建築、鐵道材料及肥料均由其運送，並於各驛聯絡站設立支店及出張所。1910 年解散基隆商船組，成立日東商船組，由大坪與一獨資經營，以軍用品、製糖會社及大商事會社經營之米業為運送對象，〔註20〕除日東商船組外，日本通運株式會社也於虎尾貨物掛設置辦公室，招攬業務。〔註21〕而鹽糖田林線運送店業者 22 家，3 家由保坂運送店經營，可見業者多以企業為主。

　　各運送店之間具有密切的合作關係，如：貨物可由二林輝記運送店以糖鐵營業線運送至田中保坂運送店，在聯運的幫助下，運送貨物方便快速，大量運送又享有折扣，也減少貨物運送的時間及金錢，因此運送店將貨物透過營業線轉運國有鐵道至南北其他家運送店，提供運送貨物的服務。

　　從鐵道部年報中整理後的圖 3-3 可知 1928 年日糖及鹽糖的貨運並未差距過大，然而兩者受自動車的競爭而有下降，鹽糖更為明顯，但至 1931 年鐵道部實施聯運後，鹽糖及日糖紛紛效仿，以致貨運營業狀況又逐漸回升，日糖雖於 1934 年超越 1928 年的貨運噸數，但鹽糖仍受自動車的影響而呈現緩慢上升。

〔註20〕羽生國彥，《臺灣小運送業發達史》，頁 464～465。
〔註21〕羽生國彥，《臺灣小運送業發達史》，頁 656。

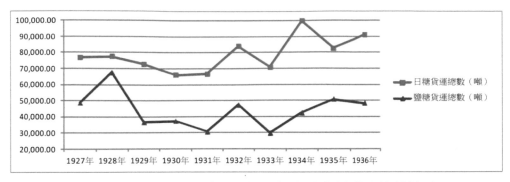

圖 3-3　　1927～1936 年日糖、鹽糖營業線貨運經營概況

資料來源：詳見附錄二及附錄三整理。

　　從附錄十的營業線客貨運收入比中得知不論是日糖或是鹽糖，都在 1933 年受自動車的競爭影響來到經營發展的低點，但兩者在聯運的協助下，才於隔年逐步回復，顯示出聯運對於兩者的經營發展具有決定性的作用。

第二節　糖業鐵道運輸的復甦

　　然而公路運輸的發達卻因戰爭時期而改變，受到汽油管制規正的影響，自動車的運輸量也逐漸被糖業鐵道超過，使糖業鐵道的運輸量再次來到高峰。

一、汽油管制規正與糖業鐵道營運增加

　　1937 年中日大戰爆發至 1941 年，鐵道的營運狀況一度好轉，南北國有鐵道成為輸送軍需品重要的運輸線，在戰爭推演之下，日本內地的石油、汽油等能源消費量越來越高，為面對長期戰爭，擔心能源的輸入受戰爭而中斷，始節約能源，因此在 1938 年 7 月起實施汽油管制規正，但卻導致自動車業者在經營上的衰退。根據蔡龍保研究戰時汽車業受物資供給困難、高度的汽油消費管制、汽車用品價格暴騰及新車及零件入手困難等影響，國營或民營業者皆日益減少班次、停靠站，許多路線走向廢線一途。〔註 22〕促使部分汽車運輸業者的業務轉交至私設鐵道方面，私設鐵道運送需求大增。

　　隨後，總督府又頒布長期總力戰下生產擴充政策，客貨運需求量再度提升，私設鐵道經營者因配合官方從事運送，營運業又再度興起。可從 1937 年

─────────────────

〔註22〕蔡龍保，《殖民統治之基礎工程——日治時期臺灣道路事業之研究》（臺北：
　　　　國立臺灣師範大學歷史學系，2008），頁 589、590。

至 1941 年的濁水溪南北岸的營業線得知客運量明顯提升，收入也逐漸成長，特別是到 1941 年時，日糖的營業線在客貨運收入上更超過北岸鹽糖的營業線，顯示出在總督府管制汽油使用量後，公路運輸業受到衝擊，營業線的營運量明顯增加，使製糖業者在客運上再度來到經營的高峰。

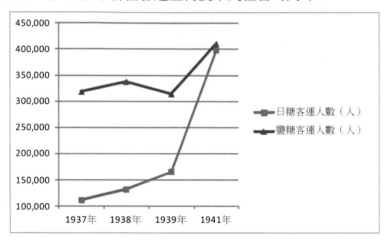

圖 3-4　　1937～1941 年鹽糖與日糖客運狀況比較

資料來源：詳見附錄八整理

二、飛行場的興築與砂利線

　　早在 1926 年時，日糖於虎尾製糖場旁增設酒精工場，為東亞最大酒精工場，以製糖過程中的「糖蜜」〔註 23〕提煉酒精，增加日糖額外的收入，工場生產之酒精又分普通酒精及變性酒精，普通酒精為一般可食用酒精，酒精濃度超過 95%加入變性劑後，轉為工業酒精，又俗稱變性酒精，99.5%以上又為無水酒精，因濃度較高，與汽油混合後，可用於交通工具燃料。隨著二戰爆發，因應戰時需求，國家有用之物如米、糖必須受到管制，於是總督府於 1939年發布「臺灣糖業令」。在此律令下，各製糖會社的植蔗面積與甘蔗買收價格均受到控制，包含戰爭工業必要的軍需品酒精，〔註 24〕並配合臺灣米穀輸出管理法案，鼓勵稻農轉作甘蔗作為酒精，以執行生產擴充政策，應付戰爭。〔註25〕酒精主要用於航空上，日本海軍雖在 1942 年於左營、楠梓籌建海軍第六燃

〔註 23〕將甘蔗製成食糖加工過程中的副產品，可做為食用或製成酒精。
〔註 24〕吳育臻，〈臺灣糖業「米糖相剋」問題的空間差異（1895～1954）〉，頁 113。
〔註 25〕高淑媛，〈臺灣近代產業的建立——日治時期臺灣工業與政策分析〉（臺南：國立成功大學歷史學系博士論文，2003），頁 172～179。

料廠，總督府又在高雄苓雅興建大型煉油廠來提供戰機的燃料使用，但 1943
年後，美軍開始長期對日軍在南洋的作戰進行阻擾，包括原油的運送，日人
於是以 1935 年熱帶產業調查會提出的無水酒精之計畫，以臺灣盛產的蔗糖來
解決燃料不足的問題，作為配合日本國內燃料的需求。〔註 26〕然而，用酒精
取代航空燃油必會面臨酒精燃燒出的熱能較低、酒精比重又較航空燃油高，
所以日軍飛行部隊以酒精與燃油 3：1 比例混合，也造成飛機馬力、航速、續
航不夠的問題。〔註 27〕

表 3-2　1934～1939 年虎尾製糖場酒精工場成績

年代	酒精製造量（石）
1934 年	28,851
1935 年	─
1936 年	28,625
1937 年	29,831
1938 年	53,706
1939 年	70,617

資料來源：依據臺灣總督府第三十八至四十四統計書所製。

　　日糖所經營的酒精工場為因應戰爭需要，開始提煉大量變性酒精，以糖
業鐵道運送至附近臨時虎尾飛行場提供戰機使用，從酒精工場成績中得知酒
精為因應戰爭需要，而不斷增加，1940 年虎尾製糖場酒精工場無水酒精及含
水酒精則以「立」〔註 28〕為單位，無水酒精為 8,474,759 立，含水酒精則為
4,949,525 立，可知戰爭時期無水酒精的製造多過於有水酒精，而無水酒精的
製造多投入飛機的運用。1944 年後，南洋石油供給鏈受美軍截斷，酒精遂成
為戰時體制下重要的物資。

　　1937 年中日戰爭爆發後，日軍開始陸續於臺灣設立飛行場，隨著臺灣南
進航空輸送中心地位的確立以及太平洋戰爭的爆發，始有許多臨時飛行場的
設立，又以南部、中部最多，這些飛行場的興築多為 1941 年後才加以修築，
特別是在 1943 年由航空本部總務部長遠藤三郎中將，提出將臺灣建構成一座

〔註 26〕臺灣總督府，《熱帶產業調查會會議錄》（臺北：同著者，1936），頁 86。
〔註 27〕林玉萍，《臺灣航空工業史——戰爭羽翼下的 1935 年～1979 年》（臺北：新銳
　　　　文創出版，2011），頁 32。
〔註 28〕「立」指立升，為體積單位。

「不沉航母」提供戰機起降，更是迎向大航空站的必要軍事設施。隔年 1 月，日本發表〈航空基地整備要綱〉，在「航空要塞」概念的指導下，〔註29〕日軍也於濁水溪沿岸設有三座飛行場，分別為 1944 年海軍於彰化二林設立的飛行場及雲林虎尾設立的虎尾飛行場，陸軍也於彰化北斗設立飛行場，這三座飛行場也依 1908 年〈臺灣私設鐵道營業規則〉第七條，私設鐵道於平時或戰時提供軍用之義務，〔註30〕提供運送軍需物資之需。

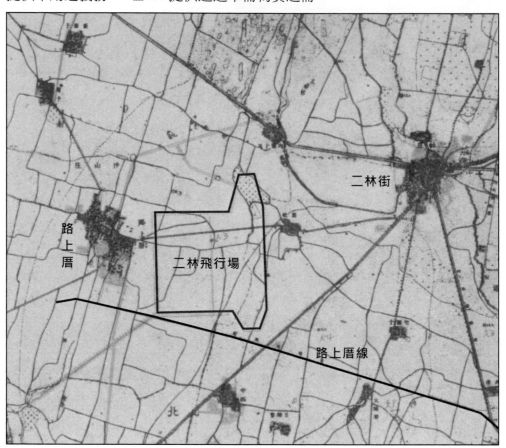

圖 3-5　二林飛行場位置圖

資料來源：根據洪致文，《不沉空母——臺灣島內飛行場百年發展史》（臺北：洪致文，2015），頁 255 及 1944 年日治二萬分之一地型圖重繪。

〔註29〕杜正宇、謝濟全，〈盟軍記載的二戰臺灣機場〉，《臺灣文獻》63：3（2010），頁 350。

〔註30〕〈臺灣私設鐵道營業規則〉，《臺灣總督府府報》第 2602 號，1908 年 12 月 26 日，頁 94。

　　海軍於彰化二林設立的飛行場位於二林街路上厝與舊社之間，由圖 3-5 中可發現飛行場南面擁有一糖業線（路上厝線），軍需物資可經由營業線田中二林線運送至番子田後，轉運路上厝線至飛行場。陸軍也於北斗設置飛行場，位置北至竹塘庄過溝子，西至五庄子，東至大湖厝，南至大灣一帶，主要因應自敵軍自南部進攻基地時，北部戰機可進行支援，作為連接南北的空中列車。〔註31〕由圖 3-6 可發現飛行場南面也擁有營業線田中──二林線，提供軍需物資運送。

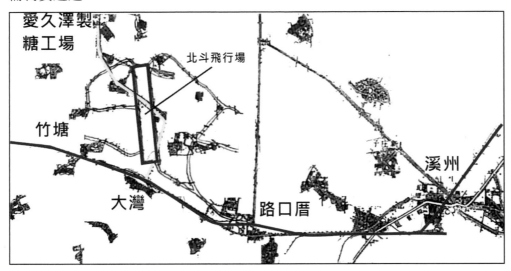

圖 3-6　　北斗飛行場位置圖（今竹塘鄉境內）

資料來源：洪致文，《不沉空母──臺灣島內飛行場百年發展史》（臺北：洪致文，
　　　　　2015），頁 300 及 NARA 提供日軍於二戰末期繪製地圖重繪。
說明：紅色框為北斗飛行場位置，紅色實線為二林田中營業線，並有糖業線連結至源
　　　成農場。

　　海軍於虎尾設立飛行場，此座飛行場東至尾寮、西至開墾地、北至新虎尾溪、南至廉使，由圖 3-7 發現基地設有糖鐵，直接連通至燃料廠，因鄰近虎尾酒精工場，透過糖鐵的運送，將酒精燃料送至基地，再加入變性劑後，供飛機所用，三座飛行場都由其共同特色，每座飛行場均有糖鐵線相連，除提供軍需品外，虎尾飛行場也附有酒精燃料廠提供飛機所需，並成為長期總力戰下生產擴充政策的一環。

〔註31〕防衛省防衛研修所戰史部，《沖繩・臺灣・硫黃島方面陸軍航空作戰》（東京：
　　　　朝雲新聞社，1970），頁 102。

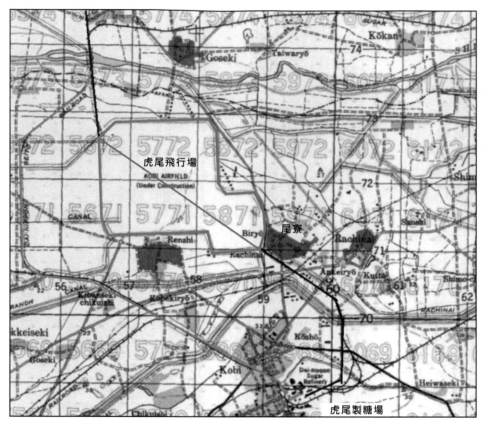

圖 3-7　虎尾飛行場位置

資料來源：根據美軍五萬分之一地形圖重繪

說明：藍框為飛行場位置，紅色線為西螺營運線，綠色線為被拆除之線路，橘色線為
西螺線更改之線路。

　　建築堅固飛行場中的防空設備必須仰賴良好的石材，在前述章節中曾提
到濁水溪擁有大量砂礫，日糖興築起糖業鐵道砂利線助於興建移民村，在太
平洋戰爭爆發後砂利線的設置更提供虎尾飛行場的興築，從表 3-3 得知戰爭爆
發後，砂利線分別在 1939 年及 1941 年在砂石運輸上達到高峰，平均為 60,000
噸左右，可見為建立此飛行場中的防空掩體，提供不少石材，而具當地耆老
提供口述資料得知，建築工人則仰賴濁水溪沿岸的工人，因其對於過去建築
堤防工事擁有經驗，使許多建築工人也搭乘糖業鐵道至虎尾飛行場興築防空
掩體，〔註32〕顯示出糖業鐵道也具備戰時人員及資源運輸的功能。

〔註32〕黃儒柏訪問、紀錄，〈陳慶堂先生訪問紀錄〉（未刊搞），2015 年 6 月 20 日，
　　　　於雲林縣莿桐鄉陳慶堂先生家中。

表 3-3　虎尾製糖場砂利事業營運表（1939～1941）

年代	砂利（噸）
1939 年	67,519
1940 年	—
1941 年	57,786

資料來源：1939～1941 年《臺灣總督府交通局鐵道部昭和十四至十六年度年報‧統計表》。

第三節　戰爭下拆除的糖業鐵道

　　由於 1943 年戰況激烈，糧食的不足成為總督府及日本內地政府所要考量的問題，為提升糧食的增產，開始減少甘蔗種植的面積，〔註33〕這也直接影響糖業鐵道的運輸。再加上太平洋戰爭末期，臺灣於 1944 年屢遭盟軍轟炸，交通線常為盟軍主要攻擊目標，會社鐵道往往遭受波及，運輸設備也遭砲火襲擊而中斷，除此之外，鐵軌也常因戰時之需而被拆除，從圖 3-6 中發現北斗飛行場的興築，恰好為糖業鐵道所鋪設的土地上，因此陸軍將原有連結源成農場愛久澤製糖場的鐵道線拆除，提供飛行場的興建，〔註34〕而源成農場經營範圍位在愛久澤製糖工場的北方，並未影響到製糖事業的經營。這些遭拆除的鐵道經由洪致文《不沉空母——臺灣島內飛行場百年發展史》得知已成為飛行場一旁耐爆通信所的建築材料，顯示出由於戰時鋼材不夠，部分鐵軌甚至被拆去充作軍用，在鐵道史上被譽為「鐵軌出征」。〔註35〕此外，虎尾飛行場也具有此現象，自 1925 年地形圖與 1944 年美軍地圖的比對得知（圖 3-7），1925 年糖業鐵道自虎尾製糖場往北通往尾寮後，便往西北跨過新虎尾溪至湳子，但 1944 年此條鐵道線卻因虎尾飛行場的興築，而遭拆除，並興築自馬公厝線於廉使庄及開墾地之間分歧向北延伸跨過新虎尾溪的連結鐵道，顯示戰時因飛行場的土地之需，必須拆除或移除飛行場上的鐵軌，提供興築飛行場之用。

〔註33〕大林丈夫，〈決戰臺灣糖業論〉，《臺灣時報》，1943 年 10 月，頁 59～61。
〔註34〕洪長源，《深耕竹塘》（彰化：竹塘鄉公所，2012），頁 155。
〔註35〕洪致文，《不沉空母——臺灣島內飛行場百年發展史》（臺北：洪致文，2015），頁 299。

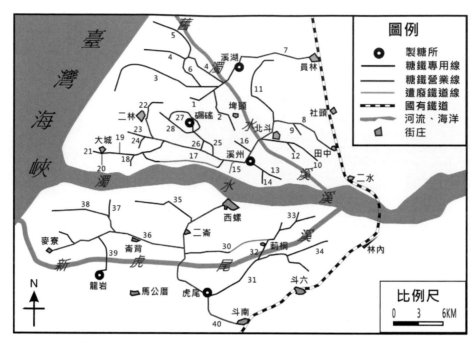

圖 3-8　1945 年濁水溪南北岸糖業鐵道分布圖

資料來源：依據 1925 年日治五萬分之一地形圖；1944 年日治二萬五千分之一地形圖；
　　　　　1944 年美軍五萬分之一地形圖；臺灣總督府交通局鐵道部，《臺灣總督府
　　　　　交通局鐵道部昭和十六年度年報・統計表》（1941）；1953 年聯合勤務總司
　　　　　令部測量處五萬分之一地形圖；1956 年聯合勤務總司令部測量處二十五萬
　　　　　分之一地形圖；1960 年溪湖糖廠區域圖重繪。
說明：紅線為營業線，黑線為專用線，綠線為 1943～1945 年遭拆除的線路。
線路及編號對照：＊表示營業線
明糖：1.大排沙線；2.牛稠子線；3.王功線；4.萬興線；5.漢寶線；6.萬合線；7.員鹿線＊
林糖：8.二林田中線＊；9.中圳線；10.二水線；11.海豐崙線；12.下水埔線；13.潮洋厝
　　　線；14.三條圳線；15.水尾線；16.瓦厝線；17.九塊厝線；18.尤厝線；19.溝子墘
　　　線；20.下山腳線；21.大城厝線；22.山寮線；23.路上厝線；24.火燒厝線
源成農場：25.大湖線；26.大灣線；27.丈八斗線；28.二林線
日糖：29.西螺線＊；30.樹仔腳線；31.油車仔線；32.莿桐線；33.砂利線；34.烏塗子線；
　　　35.大庄線；36.崙背線＊；37.舊庄線；38.貓兒干線＊；39.大有線；40.斗南線＊

　　除了拆除鐵道作為飛行場用地外，在其他地區也可發掘鐵道被拆除的現
象，早在 1937 年由於戰爭之故，鐵材價格高漲，〔註36〕因此製糖會社為因應
戰時需要開始拆除經營不善或不使用的鐵道。筆者比較戰後 1952 年聯合勤務

〔註36〕〈時局懸念で鐵材暴騰　亞鉛板は割高〉，《臺灣日日新報》，1937 年 7 月 18
　　　　日，版 3。

總司令部測量處的五萬分之一地形圖中可發現，日糖樹仔腳線遭到拆除，為三塊厝、甘厝至埔子段，此一線段由於已有油車仔線分歧莿桐線連結樹仔腳線通往樹仔腳，故將此段拆除。（圖 3-8）接著筆者將自臺灣總督府鐵道部年報所製表（附錄九），對照洪長源所編《二林蔗農事件》一書中的糖業鐵道[註37]以及溪州糖廠於 1947 年所繪的〈線路平面圖〉[註38]得知，鐵道在戰時遭拆除的包含五條專用線，分別是九塊厝線部分、溝子墘線、水尾線、火燒厝線、下山腳線，這些鐵道線受到戰爭的影響下，陸續遭軍方拆除，成為戰爭之下的犧牲品，待國民政府來臺後，再次因糖業的復甦使臺糖將原有的鐵道興築起來，方便臺糖的運輸及經營。

　　不過戰時拆除鐵道的情形也有例外，1944 年辜顯榮於林內庄舊廍子大和拓植株式會社的原料區被削除，[註39]轉由日糖虎尾製糖場承繼，[註40]於是日糖將油車仔線自竹圍子農場延長至烏麻園，稱烏塗子支線，然而為減少牛車運蔗成本，又於烏塗子支線後鋪設軌道運蔗。

小結

　　1930 年自動車的發達削減糖業鐵道的發展，民眾選擇較為快速的自動車替代乘坐糖業火車。但 1937 年中日戰爭爆發後，自動車在 1938 年汽油管制規正的衝擊下減少，糖業鐵道的客貨運又再度活絡起來，直至 1943 年戰爭日趨白熱化，鐵材價格高漲，在鐵材的日益不足之下，軍方以鐵軌為軍需物品為由，強制拆除不必要的鐵軌做為軍用，再加上鐵道的位置也因飛行場興築造成阻礙，導致陸續有鐵道遭拆除。此外，糧食的增產也為戰爭時期的考量之一，糖業也遭到限縮，因此糖業鐵道在 1943 年後發展不利。

　　日治時期這 35 年間糖業鐵道不只對於地方的經濟貢獻良多，也奠定戰後臺糖接收後糖業發展的基礎，為未來的臺糖鋪路。下章繼續討論戰後臺糖對於糖業鐵道的發展及經營，並再次剖析糖業鐵道另一次的興衰過程。

[註37] 洪長源，〈林本源製糖會社的沒落〉，《二林蔗農事件：殖民地的怒吼》，頁 59～61。

[註38] 臺灣糖業公司溪州糖廠，〈線路平面圖〉，《臺灣糖業公司溪州糖廠概況》（彰化：溪州糖廠，1947），頁 67～68。

[註39] 臺灣總督府，〈大和拓植株式會社烏塗子製糖所事業廢止二依ル原料採取區域失效〉，《臺灣總督府官報》第 713 號，1944 年 7 月 23 日，頁 124。

[註40] 臺灣總督府，〈日糖興業株式會社製糖所原料採取區域追加指定〉，《臺灣總督府官報》第 757 號，1944 年 9 月 5 日，頁 12。

第四章　戰後糖業鐵道的重構、盤整及衰微 [註1]

　　在二次大戰末期美軍的轟炸後，全臺製糖場均滿目瘡痍，甚至糖業鐵道及車站也被炸斷或損毀，造成糖業鐵道在運輸上的不利，因此戰後的糖業發展，鐵道也是復舊的重點之一。

第一節　糖業鐵道的接收與糖鐵的復舊

一、監理與接收

　　臺灣在二次大戰末期美軍轟炸後，全臺製糖場均滿目瘡痍，糖鐵及車站或遭炸斷或遭損毀，致糖鐵無法營運，因此糖鐵復舊成為戰後的糖業發展重點之一。

　　戰後中華民國政府接收糖業工作劃分為監理（1945.12～1946.3）與接管（1946.4～8）兩時期，臺糖由經濟部資源委員會及臺灣行政長官公署主責負責接收，成為戰後國家資本支配的體系之一環。[註2] 1946年依行政院頒布「收復區敵偽產業處理辦法」及臺灣行政長官公署「臺灣省接收日人財產處理準則」，[註3] 以利接收臺灣經濟事業。糖業為臺灣最大工業，原為日本民營的

〔註1〕本章收錄於黃儒柏，〈戰後濁水溪下游糖業鐵道的重構、盤整及衰微（1945～1990）〉，《臺灣風物》69：3（2019），頁125～174。

〔註2〕劉進慶著，王宏仁等譯，《臺灣戰後經濟分析》（臺北：人間出版社，1995），頁24、28。

〔註3〕吳若予，《戰後公營事業之政經分析》（臺北：業強出版社，1992），頁24。

四大株式會社，戰後成為國營的單一事業。在監理期間，仍由日人負責進行，以便在遣送日僑回國前，取得製糖技術及相關事業，並計劃修復被摧毀之糖廠及鐵道設備。

　　1946 年 5 月 1 日中華民國政府在上海成立「臺灣糖業有限公司」，於臺北設立辦事處，負責接收日本所屬在臺各糖業相關機構，包括製糖場、糖業鐵道、製糖會社私營農場等，由於日治時期製糖會社各有其管理配置，接收時為免影響業務，將四大製糖會社改為四大區分會。〔註4〕同年 9 月 1 日，臺糖接管委員會將四區分會改為四區分公司，派遣人員接管及兼任廠長，〔註5〕將會社經營的財產物資、帳目、文件、圖籍加以整理，再造清冊便於移交。

　　在鐵道接收方面，四區分公司設有鐵道處，並分為運務、養路、機務等課，轄下各糖廠則置鐵道課，分運務、養路、機務三股，辦理接收及修復的作業，〔註6〕接收的鐵道用地包括虎尾糖廠鐵道共 21.0701 甲；溪湖糖廠鐵道共 72.2366 甲；溪州糖廠鐵道共 48.5111 甲。〔註7〕1947 年 1 月 19 日臺糖總部搬遷至臺灣臺北，並於會社股權移交完畢後，改組為「臺灣糖業股份有限公司」。

　　臺糖接收期間，正值國共內戰，中華民國政府為解決大陸市場內需問題，繼續經營製糖事業以完成糖資源徵集的目標，遂以各種名目將糖運銷至大陸，來維持國家財政及大陸局勢惡化帶來的軍事開銷，至於糖鐵復舊的經費則另由臺灣銀行發行貨幣作為修復及營運資金。〔註8〕

二、復舊

（一）鐵道

　　糖鐵的復舊方針，主要是利用廠存鋼軌與收回的軍事移用鋼軌進行鋪設，仍不足則購買民間留存的舊軌，或將暫無必要的路線拆除移用，路軌配件則訂購或自製；至於戰時遭大水沖毀的橋樑以及戰時遭炸毀的場站、車庫等建築，則招商投標發包重建或僱工購料自行辦理。其次，興築排水防水設備、提高路

〔註4〕　羅翁之等編，《臺糖三十年發展史》（臺北：臺灣糖業股份有限公司，1976），頁 22。
〔註5〕　臺灣糖業有限公司編印，《臺灣糖業概況》，頁 37～38，收入於《館藏民國臺灣檔案匯編》（北京：九州出版社，2007），頁 306～307。
〔註6〕　羅翁之等編，《臺糖三十年發展史》，頁 130。
〔註7〕　臺灣糖業有限公司編印，〈各糖廠自有土地明細表〉，《臺灣糖業概況》，收入於《館藏民國臺灣檔案匯編》，頁 308。
〔註8〕　呂淑錦，〈臺灣糖業百年發展與變遷的政治經濟分析〉（嘉義：中正大學政治學研究所碩士論文，1998），頁 160～161。

線養護標準，增僱道班工人大量抽換老舊木枕、加鋪道碴、[註9]淘汰老舊電纜設備。另據報：在糖鐵未完成修復前，臺糖暫以牛車運送物資。[註10]

　　糖鐵的修復工作，以抽換老舊木枕最為重要。日治末期由於美軍轟炸，導致鐵路線未適度保養，因此荒廢許久。中華民國政府接收後，鐵道器材需大量補充，但臺灣枕木保存不易，其一，糖鐵路線養護標準不如縱貫線鐵道（日治稱國有鐵道），往往線路上道碴全無，雜草叢生。其二，採伐樹木以幼木為多，腐爛速度快，使用年限不高。其三，臺灣氣候高溫潮濕，常受菌胞或白蟻侵蝕，[註11]使木枕續用困難，再加上器材補充不足缺乏保養時，難免發生鐵道事故，如：溪州糖廠在戰後初期屢次發生鐵道意外等，[註12]因此老舊木枕的汰換更顯重要。

圖 4-1　鋼筋混凝土兩塊式軌枕

（筆者於 2012 年 6 月 2 日虎尾糖廠竹圍子線所攝，現已拆除）

　　臺糖雖續用日治時期的木枕，每年仍需抽換達百萬餘根之多的枕木，就虎尾糖廠而言，1946～1949 年間平均每年抽換 48,000 根木材，使軌道養護費用支出甚多，加上木材取得日益不易，於是臺糖開始研究如何製造鋼筋混凝土軌枕（又稱洋灰枕）以降低購買木材及抽換軌道的人事成本。由於臺灣盛

[註 9] 道碴為鋪設鐵道時的碎石，一方面作為排水及調整路軌之用，另一方面減低列車經過帶來的震動及噪音。

[註10] 〈溪州糖廠鐵道概況〉，《臺糖通訊》第 1 卷第 17 期（1947 年 10 月），頁 16。

[註11] 屠守鍔，〈枕木及鋼軌抽換率〉，《臺糖通訊》第 9 卷第 12 期（1951 年 10 月），頁 6～7。

[註12] 〈器材補充不足　溪州鐵路出事〉，《臺糖通訊》第 6 卷第 11 期（1950 年 4 月），頁 65。

產水泥，鋼筋也能自製，對糖鐵而言，以鋼筋混凝土軌枕鋪設鐵道，並不會因糖業火車行駛於軌道缺乏彈性而造成影響，〔註 13〕在以上條件下，臺糖開始自製鋼筋混凝土軌枕（圖 4-1）。

　　首先由虎尾糖廠於 1946 年自製水泥軌枕，〔註 14〕如前章所述，日治時期的砂利線在二戰末期中並無太大損毀，便沿用砂利線繼續載運砂石至虎尾糖廠，以近距離的方式自製軌枕，省去南部水泥工廠轉運時間，除砂利線外，沿虎尾溪的竹圍子線（戰前又稱油車仔線）也兼起載運砂石的功能，〔註 15〕由於濁水溪畔擁有眾多砂石，為此沿用日治時期的砂利線及竹圍子線載運砂石，並於 1947 年將製成的枕木分發至北港、大林糖廠。〔註 16〕至 1951 年止，虎尾鋼筋混凝土製造工廠已製成 19 萬根，製造鋼筋混凝土技術也推行至臺中、彰化，此設計優點為成本較檜木枕低廉，使用年限也較長，也使臺糖每年節省軌枕 5,000 萬元及軌枕抽換人力的費用；〔註 17〕除虎尾糖廠外，溪州糖廠由於材料庫於戰爭期間被炸，庫存材料損失殆盡，次之臺灣枕木產量不豐，不得不向國外收購，補充仍相當不易，〔註 18〕再加上時常發生鐵道意外，因此於 1950 年也增設洋灰枕工廠，製造 4 萬根，欲減少溪州糖廠鐵道線的行車意外。〔註 19〕

　　糖廠及糖鐵修復工作陸續於 1946～1948 年間完成（見圖 4-2），抽換軌枕的任務至 1951 年止，〔註 20〕全臺糖鐵共花費近 300 餘萬元修復，〔註 21〕濁水溪共修復主要營業線二林線及遭拆除的水尾線、田頭線、〔註 22〕火燒厝線、

〔註 13〕羅翁之等編，《臺糖三十年發展史》，頁 137。

〔註 14〕葉于鎬，〈製造鋼筋混凝土軌枕件工制度之改進〉，《臺糖通訊》第 10 卷第 3 期（1952 年 1 月），頁 10。

〔註 15〕黃儒柏訪問、記錄，〈張數蘭女士訪問紀錄〉（未刊稿），2016 年 4 月 6 日。

〔註 16〕〈虎尾廠鐵道新猷〉，《臺糖通訊》第 1 卷第 15 期（1947 年 9 月），頁 12。

〔註 17〕羅翁之等編，《臺糖三十年發展史》，頁 137。

〔註 18〕金貞觀，〈三年來之溪州糖廠〉，《臺糖通訊》第 3 卷第 17 期（1948 年 12 月），頁 6。

〔註 19〕〈器材補充不足 溪州鐵路出事〉，《臺糖通訊》第 6 卷第 11 期（1950 年 4 月），頁 65。

〔註 20〕李學詒，〈十年來糖鐵的進展〉，《臺糖通訊》第 18 卷第 3 期（1956 年 1 月），頁 15～23。

〔註 21〕中國工程師學會，《臺灣工業復興史‧糖業篇》（臺北：中國工程師協會，1958），頁 82。

〔註 22〕田頭、水尾兩原料專用線因缺乏鐵材至 1948 年 1 月仍未完工，其他線路已於 1948 年以前完工通車，引自〈記溪州糖廠的擴大廠務會議〉，《臺糖通訊》第 2 卷第 3 期（1948 年 1 月），頁 20。

溝子墘線，九塊厝線則改用移動式軌道（於製糖期間鋪設，製糖完成後再以予拆除）。〔註23〕下山腳線〔註24〕、樹仔腳線三塊厝、甘厝至埔子段，則因經營效益差未再重新鋪設鐵道。

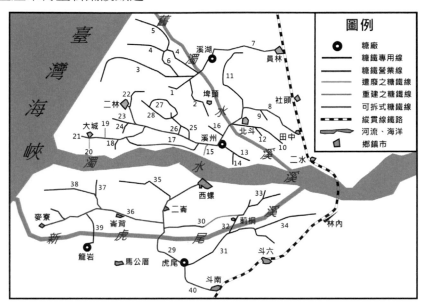

圖 4-2　1950 年濁水溪沖積扇平原糖業鐵道分布圖

資料來源：依據 1.1953 年聯合勤務總司令部測量處五萬分之一地形圖；2.1956 年聯合勤務總司令部測量處二十五萬分之一地形圖；3.臺灣糖業公司溪州糖廠，〈線路平面圖〉，《臺灣糖業公司溪州糖廠概況》（彰化：溪州糖廠，1947 年），頁 67～68；4.「溪州糖廠鐵道線路佈置圖」（1950 年），《臺車運輸路線圖》，《資源委員會檔案》，近史所檔案館藏，入藏登錄號：24-20-02-009-02 重繪。

線路及編號對照：*表示營業線
1.大排沙線；2.牛稠子線；3.王功線；4.萬興線；5.漢寶線；6.萬合線；7.員鹿線*
8.二林田中線*；9.中圳線；10.二水線；11.海豐崙線；12.下水埔線；13.潮洋厝線
14.三條圳線；15.水尾線；16.瓦厝線；17.九塊厝線；18.尤厝線；19.溝子墘線
20.下山腳線；21.大城線*；22.山寮線；23.路上厝線；24.火燒厝線；25.大湖線
26.大灣線；27.丈八斗線；28.二林線；29.西螺線*；30.樹仔腳線；31.油車仔線
32.莿桐線；33.砂利線；34.烏塗子線；35.大庄線；36.崙背線*；37.舊庄線
38.貓兒干線*；39.大有線；40.斗南線*

〔註23〕黃儒柏訪問、記錄，〈張濱發先生訪問紀錄〉（未刊稿），2015 年 12 月 25 日；黃儒柏訪問、記錄，〈張聖坤先生訪問紀錄〉（未刊稿），2016 年 5 月 19 日。
〔註24〕據〈開工聲中之鐵路〉，《臺糖通訊》第 2 卷 1 期（1948 年 1 月），頁 45；下山腳線於 1948 年時預計重新修築，但據筆者推測，因枕木不足及位於濁水溪畔受風災等原因影響，1947 年後臺糖公司所繪糖業鐵道路線圖已無標記。

（二）沿線車站修復

除鐵道外，相關沿線設施也是復舊重點，以溪州糖廠二林線為例，包括溪州車站、材料庫、車輛修理廠、機關庫等，在美軍轟炸下均遭破壞，〔註25〕客運情況也下降頗多，從二林站的客運量得知，1945～1946 年間僅剩 1,000多人，為日治時期客運量的 1/20，溪州糖廠直到 1948 年才將二林線沿線車站修復完成，包括：1947 年增設車站 9 座；1948 年增設車站 2 座、修復車站 5座；期間有數座車站有待修復，但仍勉強繼續使用。〔註26〕另外，沿線的鹿寮車站，曾因戰時燃料來源缺乏而宣告停駛廢站，但戰後該站附近六村村民經向分公司陳情許可後，試辦 3 個月，鄉民反應良好稱便，〔註27〕由於服務地方交通試辦績效良好，該站恢復營運。〔註28〕

除二林線車站外，濁水溪南岸的麥寮車站也在 1950 年因設備損壞太差進行整修，而跨過新虎尾溪的大有線混凝土橋橋臺工程也在同年完成，〔註29〕修復車站、鐵道及橋樑的狀況可見一斑。

第二節　臺糖鐵道的經營

糖業鐵道為製糖重要一環，臺糖除修復鐵道外，也提出具體方針來經營糖業鐵道。首先面臨起糖業鐵道作為國防需求的課題，配合國軍興築起「南北平行預備線」，臺糖也在平行線完成後受益良多，同時，臺糖也針對糖業鐵道的經營問題進行改善，包含營業線的增闢、專用線的甘蔗防竊及爭取對外貨運，由於臺糖總公司搬遷至溪州，總公司的交通配套也成為重點規劃，以下是針對臺糖對於糖業鐵道的經營進行剖析。

〔註25〕〈開工聲中之鐵路〉，《臺糖通訊》第 2 卷第 1 期（1948 年 1 月），頁 45。

〔註26〕洪慶宗，《鐵道風情錄——田中中路里的故事》（彰化：彰化文化局，2009），頁 187；金貞觀，〈一年來之溪州糖廠〉，《臺糖通訊》第 2 卷第 6 期（1948 年 2 月），頁 5。

〔註27〕〈恢復鹿寮站 溪州鄉民稱便〉，《臺糖通訊》第 6 卷第 16 期（1950 年 6 月），頁 38。

〔註28〕鹿寮站最後於 1968 年停辦，黃仲平、黃金寶，〈糖業鐵道田中二林線之初探〉，收入於《彰化縣二林區地方文史專輯·第一輯》（彰化：二林社區大學發行，2003），頁 219。

〔註29〕〈龍岩花絮 鐵道建設化〉，《臺糖通訊》第 6 卷第 14 期（1950 年 5 月），頁 65。

一、設置南北平行預備線

（一）計畫緣起

日治時期，各糖廠分屬四家製糖會社，各自經營，糖業鐵道線自成體系。臺糖在接管後，除因應緊急需要，迅速完成復舊任務外，也重新調整原料區及劃分鐵道之管轄線段區域，以建立完整企業管理制度，具體內容包含：1948年施行「貨物運輸暫行規則」及「旅客運輸暫行規則」，〔註30〕及1951年「客貨運輸補充規則」，〔註31〕至此「貫穿南北平行預備線」計畫順應而生。

二戰末期，由於縱貫線可能受美軍轟炸而導致南北交通中斷，軍需資源補給困難，日本第十方面軍為因應美軍進攻，以臺中豐原為起點至屏東附近將臺灣糖業鐵道串聯，以作為第二條連接南北之鐵道線，稱「公用線」。自1944年11月興築至1945年3月完工，每日可運送10列車，由位於嘉義第二鐵道輸送司令部下的臺灣私鐵運營會管理，〔註32〕此公用線更為戰後南北平行預備線之雛形。

戰後串聯各糖廠間糖業鐵道系統的理念於1947年由陳乃東〔註33〕提出，其「計劃連接各區分公司鐵道以利各分區間的交通與運輸」，〔註34〕但由於臺糖公司以復原糖業及轉移技術為主，故未將其理念落實，直到1949年政府遷臺後才付諸行動。由於糖業鐵道不僅負擔運輸甘蔗及自用品的工作、對外地方

〔註30〕「據檢送臺糖鐵道旅客及貨物運輸暫行規則准予備查由」（1948年），〈鐵路客運規章〉，《省級機關檔案》，國史館臺灣文獻館藏，入藏登錄號：0040760003888002；內含1948年客票票價、行李運輸、包裹運輸、貨物運輸等規定。

〔註31〕「據報臺糖鐵路客貨運輸及行車補充規則一案准予備查知照由」（1951年8月1日），〈鐵路客運規章〉，《省級機關檔案》，國史館臺灣文獻館藏，入藏登錄號：0040761011917014。

〔註32〕鐵道輸送司令部於1945年1月成立，而第二鐵道輸送司令部設於嘉義，於戰時主要負責的工作是透過鐵道輸送全臺的軍事物資，而底下的私鐵運營會為暫時之稱呼，則是管理私設鐵道的部分。JACAR（アジア歷史資料センター）Ref.C11110383200、第10方面軍作戰準備並に作戰記錄（案）昭和21年8月（防衛省防衛研究所），頁173～174。

〔註33〕陳乃東，福建省人，唐山交通大學工程學院土木系畢業，隨資源委員會來臺接收糖業，先於1947年任第二區分公司運務處副處長，後轉任臺糖公司技術室鐵道組組長，由於提出連接各區分公司鐵道的計畫，被保二總隊栽贓有意使共軍登陸後運輸方便為由，成為沈鎮南案的受害者之一，程玉鳳，《「臺糖沈鎮南案」研究》（臺北：文津出版社，2014），頁114～117、169～171。

〔註34〕陳乃東，〈鐵路運輸在臺糖所佔之地位及其技術上初步改進之研討〉，《臺糖通訊》第1卷第13期（1947年9月），頁4。

交通要務外，政府遷臺後糖業鐵道必須配合軍事上的要求，以加強臺灣的防護能力。臺灣西海岸鐵道交通以縱貫鐵道為主軸，有助於部隊進行南北調防，但如僅依賴西部縱貫鐵道，一旦遭共軍炸毀則難以立即修復，再加上公路運輸仍不普及，國軍遂將注意力轉移至糖業鐵道上。糖鐵一方面具有建構連貫鐵路網的功能，活動範圍較縱貫鐵道廣，而且營業線多呈現東西走向可連結縱貫鐵道車站，具有輔運系統功能；另一方面糖鐵的軌條較輕便，橋樑簡易，如遇炸毀等重大破壞事故，修復較為快速，其軍事價值因此受到軍方重視。〔註35〕

此外，戰後初期政府賺取外匯及財政主要來源倚賴外銷砂糖，尤其受到1950年韓戰爆發的刺激，糖價大漲，砂糖外銷占當年全國總出口值的79.78%。〔註36〕為避免中共轟炸臺灣最大工業設施，糖廠的駐軍備受軍方關注，臺糖也趁此加緊與軍方保持緊密合作，〔註37〕如：1952年糖鐵沿線駐軍往返接洽公務及採購物品多搭乘臺糖公司列車，經洽聯勤總部，更由臺糖公司印製免費優待乘車證。〔註38〕此外，虎尾空軍基地由於緊鄰虎尾糖廠，為提供軍運，更於1956年整修糖業鐵道連結虎尾車站至空軍基地。〔註39〕以上可見軍方與臺糖鐵道的合作關係。

1950年8月曾任國防部次長的交通整備鐵道後查組組長秦德純〔註40〕視察全臺鐵道後，建議貫通臺糖公司南北鐵道作為縱貫鐵道之輔助平行線。他的建議於同年10月經總統批准後，臺糖公司開始利用原有與幹線平行鐵道修築南北平行預備線，〔註41〕原擬定北起臺中縣月眉糖廠后里、大甲兩車站，南下直達屏東東港，經審查結果，以跨越大甲溪橋樑工程艱鉅，需款過多一

〔註35〕羅翁之等編，《臺糖三十年發展史》，頁133。

〔註36〕曾妙慧，〈臺灣蔗農保險之研究：1956～1986〉，《國立政治大學歷史學報》23期（2005年5月），頁215。

〔註37〕〈楊兼總經理視察各糖廠〉，《臺糖通訊》第7卷18期（1950年12月），頁50。

〔註38〕袁夢鴻，〈一年來鐵道室工作之回顧與前瞻〉，《臺糖通訊》第10卷1期（1952年1月），頁16。

〔註39〕「為整修虎尾車站至機場之鐵路軌道一案謹呈復請察核」（1956年12月3日），〈國防部請整修虎尾車站至機場鐵路軌道〉，《國營事業司檔案》，近史所檔案館藏，入藏登錄號：35-25-14-93。

〔註40〕秦德純（1893～1963），山東人，曾任山東省省主席、青島市長、北平市市長、國防部次長。來臺後曾任總統府戰略顧問。

〔註41〕「奉院電發關於鐵道整備建議事項審查意見仰遵照」（1950年11月11日），〈鐵道工程；鐵路運輸〉，《資源委員會檔案》，近史所檔案館藏，入藏登錄號：24-20-02-009-01。

時難以籌撥為由，〔註42〕改由北起臺中糖廠，南至高雄糖廠、屏東糖廠，整修舊線，增築新線，全長計263.6公里。濁水溪沿岸糖業鐵道的修築在南北平行預備線上也扮演重要角色，包括北岸糖業鐵道田中至二水間跨越縱貫線鐵道的配置及濁水溪西螺大橋的設置。前者南投、溪州聯絡線，自南投糖廠二水線二水車站連通至溪州糖廠二水線，途中在省鐵二水車站北側跨越縱貫線鐵道，全長6.5公里。後者為溪州糖廠連結虎尾糖廠的聯絡線，自溪州糖廠水尾線終點起，延長路線跨過濁水溪，連結至虎尾糖廠，全長 4 公里，利用濁水溪新建的西螺大橋，呈現鐵公路並行的橋面。〔註43〕（見圖4-3）

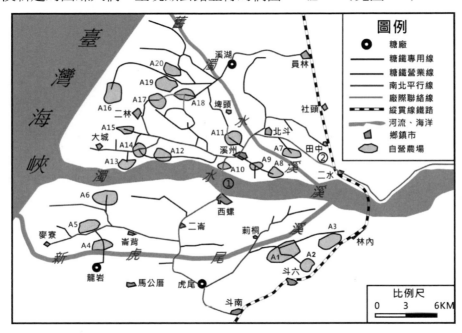

圖4-3　1960年濁水溪沖積扇平原糖業鐵道分布圖

資料來源：依據1953年聯合勤務總司令部測量處五萬分之一地形圖；1956年聯合勤務總司令部測量處二十五萬分之一地形圖；臺灣糖業公司溪州糖廠，〈線路平面圖〉，《臺灣糖業公司溪州糖廠概況》（彰化：溪州糖廠，1947年），頁67～68；「溪州糖廠鐵道線路佈置圖」（1950年），《臺車運輸路線圖》，《資源委員會檔案》，近史所檔案館藏，入藏登錄號：24-20-02-009-02；溪湖糖廠文物館內1974年所製〈溪湖糖廠區域圖〉；臺灣糖業公司，〈虎尾糖廠鐵道分布圖·民國66年版〉（1977年）重繪。

〔註42〕臺灣糖業股份有限公司，《臺糖鐵道南北平行預備線概況》（臺北：同著者，1951），頁1，由大崙腳文史工作室林榮森提供。
〔註43〕張季熙，《臺灣糖業復興史》（彰化：臺灣糖業公司，1958），頁86。

說明：1.橘線線段為南北平行預備線主要工程線段①西螺大橋段；②南投、溪州聯絡線。

2.溪州糖廠已於 1953 年停閉。

3.戰後臺糖又於濁水溪沿岸陸續增設石榴班、烏塗子、下水埔、元浦農場，並大同公司興建大同合作農場。

農場與編號對照：

A1 竹圍子農場；A2 石榴班農場；A3 烏塗子農場；A4 阿勸農場；A5 大有農場

A6 豐榮農場；A7 下水埔農場；A8 圳寮農場；A9 溪州農場；A10 水尾農場

A11 元埔農場；A12 九塊厝農場；A13 尤厝農場；A14 大同合作農場；A15 中西農場

A16 後寮農場；A17 二林農場；A18 大排沙農場；A19 舊趙甲農場；A20 萬興農場

（二）西螺大橋的修築

濁水溪在日治時期 1920 年護岸工程完工後，雨季常使溪水暴增，流速極快，竹筏無法通行，水路交通常遭癱瘓，南北往來不易，有鑒於此，西螺居民於 1936 年成立「西螺架設濁水溪人道橋同盟會」，向總督府陳情，總督府認為濁水溪橋樑的建設有助於運輸南北及戰略的考量而獲得批准，於 1937 年開始動工，受興建技術問題的影響，僅能利用冬季枯水期施工，興建速度慢，然而於 1941 年發生珍珠港事變，日本急於南進，將橋樑移往南海修築碼頭，工程宣告停止，僅完成橋墩部分。〔註 44〕

戰後直至 1949 年間仍有不少西螺仕紳向中華民國政府陳情，均因政治情勢不穩而被擱置，政府遷臺後，西螺鎮長李應鏜邀請北斗、斗六、虎尾三區首長於西螺鎮公所禮堂開濁水溪公路大橋促進完成大會，並由大會議決分別上電東南軍政長官公署、省參議會、裝甲兵司令部，接著又向美國在臺大使館陳情協助建造。1950 年韓戰爆發，美軍協防臺灣，美國認為臺灣具有經濟及戰略的價值與功能，決定以美援協助，〔註 45〕政府遂於 1951 年成立西螺大橋工程處負責施工、籌劃與設計大橋相關工作，興築期間，美國提供鋼樑，〔註 46〕並且開始於西螺鋪設便道以利運輸（見圖 4-4），鋼樑先由高雄港轉運縱貫鐵道後，再由斗南車站轉運糖業鐵道至虎尾，〔註 47〕接著經西螺線運往西螺，

〔註 44〕廖風雅，〈遠東第一大橋：西螺大橋建橋軼事〉，《中華日報》，臺南，1993 年 3 月 28 日，版 32。

〔註 45〕程大學總主編；呂建孟等撰稿，《西螺鎮誌‧第四篇地區景觀與建築》（雲林：西螺鎮公所，2000），頁 8。

〔註 46〕王君華，〈西螺，西螺大橋與西螺同盟會〉，《雲林文獻》第 2 卷第 1 期（1953 年 3 月），頁 153～162。

〔註 47〕〈一日鋪軌七百餘公尺 西螺便道如期通車〉，《臺糖通訊》第 8 卷 10 期（1951 年 4 月），頁 22。

在中、美技術人員的合作下，鐵橋於 1953 年通車。

圖 4-4　西螺大橋前的施工現場

（照片底下之鐵道線連接西螺大橋的鐵道，以利將鋼樑運輸至西螺大橋處）

資料來源：作者不詳（1953）。〔主要題名:西螺大橋特輯〕。《數位典藏與數位學習聯合目
錄》。http://catalog.digitalarchives.tw/item/00/31/98/e9.html（2018/08/22 瀏覽）。

圖 4-5　位於西螺大橋南面的西螺線爬坡道

（筆者攝，2016 年 2 月 28 日）

圖 4-6　爬坡道（引道路堤）位置

資料來源：古庭維、鄧志忠，《臺灣舊鐵道散步地圖》（臺中：晨星出版社，2010 年），
頁 268。

　　在西螺大橋興築期間，適臺糖奉准興築南北平行預備線，於糖鐵營業線西螺站以北延長鋪設聯絡道，通往今西螺鎮東南路及中興路交叉口，接著設置爬坡道，連結西螺大橋，長 3.2 公里。北面則以溪州糖廠專用線水尾線往南延伸至西螺大橋，長 1.3 公里，〔註48〕並將糖業鐵道軌道納入西螺大橋的橋體中，西螺大橋線主要工程除設置便道、路基、鋪軌、橋樑外，也包含購地拆屋，〔註49〕因此在西螺大橋通車後，糖業鐵道正式連通虎尾糖廠及溪州糖廠，增設南州、水尾站，稱「西螺──南州」線，並建有站哨及軍營，管制糖業鐵道客貨運及汽車在西螺大橋上的來往，而西螺大橋也成為糖業鐵道南北平行預備線的重要里程碑。

（三）南投、溪州聯絡線

　　日治時期的明治製糖會社原料區不僅包含溪湖製糖場擁有的原料區，其

〔註48〕臺灣糖業股份有限公司，《臺糖鐵道南北平行預備線概況》，頁 2。
〔註49〕「南北平行線預備線工程進度表 1～3 月份」（1951 年 3～4 月），〈鐵道工程；鐵路運輸〉，《資源委員會檔案》，近史所檔案館藏，入藏登錄號：24-20-02-009-01。

原料區範圍也包含以南投製糖場為主的原料區面積，為利於運輸砂糖成品至國有鐵道，於 1933 年開通二水、名間之間的營業線，以便與 1911 年已開通的濁水南投線及中寮線接軌，並將營業線車站設於國有鐵道二水站西北側。戰後，1950 年為因應南北平行預備線的完成，自二水站北側繼續向北沿八堡一圳及縱貫線鐵道鋪設糖業鐵道，於二水番仔田（今合和村）、坑口（今復興村）興築高架橋（圖 4-7、圖 4-8），跨過縱貫線鐵道，接著往西北於田中鎮內三塊厝連結溪州糖廠二水線。〔註 50〕聯絡線的興築需徵收土地以利連結各區段，特別是在 1950 年「臺糖公司擬修築南北預備線請依法徵用土地」審核通過後，〔註 51〕田中三塊厝段至二水過圳段 7 筆土地共 0.184 甲遭徵用，同時也修築八堡圳跨圳橋，〔註 52〕此段南北線的完成，連結了溪州至二水的交通，自此南投山區種植的特產可運送至彰化海岸地區，而彰化海岸地區又可運送海產至南投，使南投與彰化之間的運輸更為方便。

圖 4-7、圖 4-8　二水番仔田、坑口興築高架橋舊址

（筆者攝，2016 年 2 月 3 日）

說明：左圖為二水線跨線橋橋墩，右圖為跨線橋爬坡道

〔註50〕周宗賢總纂，陳美鈴撰稿，〈交通篇〉，《二水鄉志》（彰化：二水鄉公所，2002），頁 585。

〔註51〕「為糖業公司修築南北平行預備線呈省府徵用土地一案發文日期及字號由」（1950 年 12 月 25 日），〈臺糖公司擬修築南北預備線請依法徵用土地〉，《省級機關檔案》，國史館臺灣文獻館藏，入藏登錄號：0041510012170004。

〔註52〕「為本公司溪湖糖廠經管南北平行線及鹿港聯絡線鐵道用地謹齊奉土地征收計劃書圖呈請察核賜予轉呈行政院准予照案征收由」（1959 年 6 月 26 日），〈臺糖溪湖糖廠南北平行線及鹿港聯絡線鐵道用地請補辦徵收手續〉，《國營事業司檔案》，近史所檔案館藏，入藏登錄號：35-25-14-382。

（四）南北平行預備線對於濁水溪流域的影響

1、建立廠際聯絡線

　　南北平行預備線自 1953 年開通後，除國防用途外，也連結起自臺中到屏東共 26 座的糖廠，包括位於濁水溪之間的溪州糖廠及虎尾糖廠，且能夠透過這些糖廠連結其他糖廠，溪州糖廠聯絡溪湖及彰化糖廠；虎尾糖廠聯絡龍岩及斗六糖廠，廠與廠之間在運輸上可互相支援，而連結濁水溪兩岸溪州糖廠及虎尾糖廠的西螺大橋更成為運輸砂糖至高雄港的重要橋樑，途中不需仰賴縱貫線鐵道再行裝卸及轉運，節省新臺幣 100 萬元運輸費用。〔註53〕不僅如此，各廠間的蔗苗（含 Nco310 蔗種）、原料、砂糖、糖蜜、石灰石、肥料、煤炭等大宗貨品（1971～1980 年見附錄十四）也可經由南北線運輸，節省時間及運費。〔註54〕

　　在興築南北線的同時，臺糖也將日治時期濁水溪北岸的分屬不同製糖會社的糖業鐵道進行連結，包括將日治時期源成農場設置的丈八斗線鐵道往北於二林鎮大永連結溪湖糖廠的大排沙線、1955 年將二林鎮山寮線往東連結溪湖糖廠大排沙線，〔註55〕將溪州糖廠的瓦厝線向北連結牛稠子線，將大湖線延長於溪州鄉路口厝接通二林線，作為南北平行預備線的支線（又稱廠際聯絡線，見圖 4-3），如南北平行預備線主線遭毀時，可作為替代國防物資之南北運送路線，使溪州、溪湖糖廠間的鐵道得以連通，方便臺糖南北的運輸。而臺糖南北線的經營工作包含下面幾點：

2、以「Nco310」蔗種為主的糖鐵運輸

　　糖價的低迷直到 1950 年才逐漸復甦，受到韓戰的刺激，國際原物料上漲，國際糖價也隨之提升，加上省農林各機關的鼓勵推廣下，農民種蔗面積逐漸增加，〔註56〕隔年世界糖價又轉趨低潮，加上臺灣米價上揚，臺糖面臨新的危機，因此同年擔任農務處長的汪楷民鑒於當時糖價的低落，以 1947 年自南非引進的「Nco310」蔗種，經過改良後，利於對抗 1940 年代一種植物傳染病「葉燒

〔註53〕〈臺糖鐵路　臺中至屏東　已直達通車〉，《蔗報》第 7 卷第 9 期（1953 年 5 月），頁 1。

〔註54〕祝蓀，〈鐵道業務之瞻望〉，《臺糖通訊》第 8 卷第 4 期（1951 年 2 月），頁 3；張季熙，《臺灣糖業復興史》，頁 87。

〔註55〕袁夢鴻，〈鐵道室一年來工作之回顧與前瞻〉，《臺糖通訊》第 16 卷第 1 期（1955 年 1 月），頁 33。

〔註56〕何鳳嬌，〈戰後初期臺灣土地的接收與處理（1945～1952）〉（臺北：國立政治大學史學研究所博士論文，2002），頁 176。

病」而獲得推廣，適合種植於海邊沙土地及山地紅土區。因此臺糖開始於 1952
年在虎尾糖廠以小規模的種植南非「Nco310」蔗種，同年 8 月開始陸續在全臺
推廣種植，〔註57〕推廣期間，溪湖糖廠更邀請農民至舊趙甲農場及沙山原料區
參觀蔗種試作成果。〔註 58〕臺糖通訊指出：「2.積極運輸新品種：蔗苗運輸…
為免壓損蔗苗，保持新鮮，更需減少轉裝次數，由本公司鐵道直接自苗圃運至
受苗蔗園，1952 年度由虎尾區各廠供苗，運送至各廠受苗，經由南北線自運，
自本年度 7 月至 11 月止，業已全部運送完畢，共計運送蔗苗 270,000,000 餘株，
600,000 餘噸的蔗苗。」〔註59〕從臺糖通訊中得知積極運輸新品種為 Nco310，
雖無法從《臺糖通訊》中得知其他蔗苗在 1950 年代是否以糖業鐵道運輸，但
可確認臺糖主要推廣的「Nco310」蔗種是依靠臺糖糖業鐵道所乘運。

3、反共宣傳與鐵道演習

　　南北平行預備線除運輸功能外，也兼有宣傳的效用，特別是在政治上，
中華民國政府遷臺後，仍想反攻大陸，於是為宣揚此國策，加強克難增產運
動，協助推行農村生產教育，並建立臺糖公共關係，利用臺糖自營鐵道及車
廂進行宣傳的動作。初始於 1955 年由臺灣產業黨部第一支部舉辦，並由臺糖
溪州總公司成立臺糖宣傳列車工作委員會，組織「反共抗俄臺糖鐵路宣傳車」
前往各專用線及營業線展開宣傳工作，並於五分車頭掛置總統蔣介石肖像與
懸掛國旗，〔註 60〕宣傳列車於濁水溪下游主要宣傳點為溪湖、溪州、西螺、
二崙、虎尾、斗南、崙背、麥寮，宣傳內容含晚會、電影、列車展覽、街頭
劇等，與縱貫線鐵道相比宣傳規模較廣，就全臺而言具以下成果，包含：參
觀人數達 158 萬人次，發送宣傳資料達 198 萬份，也使一部分知識水準較低
的老百姓認識到反共戰爭並非只是中國地區，而是包含臺灣地區，以提高當
時時代氛圍下，反共抗俄的決心。〔註61〕

〔註57〕沈文臺，《糖都虎尾：一個因糖而興，因糖而盛的市街》（雲林：虎尾大崙腳
　　　　文教工作學會，2005），頁 62。

〔註58〕臺灣糖業股份有限公司，〈溪湖邀約農民參觀 N：Co310 新品種〉，《臺糖通訊》
　　　　第 11 卷第 2 期（1952 年 7 月），頁 31。

〔註59〕袁夢鴻，〈一年來鐵道工作之回顧與前瞻〉，《臺糖通訊》第 12 卷第 1 期（1953
　　　　年 1 月），頁 17。

〔註60〕曾世芳，〈臺糖五分車的建構與轉型文化產業經營之研究──以溪湖花卉文化園
　　　　區觀光小火車為例〉（雲林：雲林科技大學文化資產維護系碩士論文，2005），
　　　　頁 72、74。

〔註61〕〈反共抗俄臺糖鐵路宣傳列車日程表〉，《蔗報》第 11 卷第 9 期（1955 年 5

　　宣傳車主要行駛於中南部，範圍未及全島，也受限於甘蔗產區，但是糖鐵鐵路網比縱貫線鐵道對農民或一般民眾宣傳更為直接，能到達距離城鎮更偏遠的鄉村地區。〔註 62〕然而糖業鐵道畢竟是運糖的交通工具，受到國際市場轉變，臺糖考量到成本已無法再擴展宣傳，隨著公路的發展，政府因此轉而以公路宣傳其政治理念，〔註63〕減少因路軌的限制而造成交通上的不便。〔註64〕

　　除對內宣傳反共外，對外如何防範共軍以炸彈破壞臺灣糖業重要運輸系統南北平行線，是臺糖努力的目標，於是在 1957 年實施南北線搶修演習。〔註65〕1960 年起臺灣警總司令部開始組織民防總隊，訓練其得以應付戰時突發事件，確保戰時交通運輸之暢通，實施通運演習，主辦單位包含各糖廠。（見圖4-9、4-10、4-11）。〔註66〕

圖 4-9　　「暢通一號」演習中的西螺線第 9 號橋

資料來源：林水徹攝，《臺糖通訊》第 56 卷第 18 期（1975 年 6 月），無頁碼。

　　　　月），頁 10；李驊括，〈臺糖反共抗俄宣傳列車之績效〉，《臺糖通訊》第 17
　　　　卷第 2 期（1955 年 7 月），頁 8。
〔註62〕林果顯，〈一九五〇年代反攻大陸宣傳體制的形成〉（臺北：國立政治大學歷
　　　　史學系博士論文，2009），頁 105。
〔註63〕林果顯，〈一九五〇年代反攻大陸宣傳體制的形成〉，頁 96。
〔註64〕〈公路宣傳列車來溪簡記〉，《臺糖通訊》第 17 卷第 2 期（1955 年 7 月），頁 21。
〔註65〕「為檢送本公司鐵道南北線搶修演習草案函請查照」（1956 年 12 月 29 日），〈臺
　　　　糖公司鐵道南北線搶修演習〉，《國營事業司檔案》，近史所檔案館藏，入藏登
　　　　錄號：35-25-14-93。
〔註66〕〈大排沙線演習〉，《臺糖通訊》第 36 卷第 16 期（1965 年 6 月），無頁碼；〈溪
　　　　湖舉行達道演習〉，《臺糖通訊》第 46 卷第 16 期（1970 年 6 月），頁 4。

圖 4-10　大排沙線通運演習

資料來源：〈大排沙線演習〉,《臺糖通訊》第 36 卷第 16 期（1965 年 6 月），無頁碼。

圖 4-11　王功複線正進行演習之情形

資料來源：鴻江欣攝收錄於《臺糖通訊》第 46 卷第 16 期（1970 年 6 月），無頁碼。

此外，臺灣警總司令部、臺灣鐵路局民防部也組織民防點驗小組，點驗各廠糖廠鐵道，並訓勉糖廠需肩負護路衛國的義務。〔註67〕直到1980年代仍有相關民防措施，結合虎尾、北港、斗六、大林等廠共60名民防隊員進行鐵道防護訓練。〔註68〕由於南北線在國防上負有重要任務，時常由交通戰備器材檢查組進行督導作業。〔註69〕

4、糖廠的額外收入：「蔗渣」的運送與利用

在製糖的過程中，除酒精為副產品外，也包含蔗渣，蔗渣的功用可用來從事肥料及製紙，特別是自日治時期以蔗渣製紙的鹽水港紙漿株式會社經營的新營工場，在中華民國政府接收後，成為臺灣紙業公司轄下的製紙工廠，在糖業鐵道南北平行線完成後，於1954年由虎尾、龍岩、北港等濁水溪以南的8座糖廠，供應蔗渣輸送至新營製紙，為避免轉車倒裝之不便，臺灣紙業公司同意臺糖以自家糖業鐵道載運。〔註70〕隔年臺糖與臺灣紙業公司訂定合約，4年內虎尾等3座總廠每年需供給100,000至150,000噸蔗渣。〔註71〕

除虎尾糖廠將蔗渣運送至臺南新營外，臺糖於濁水溪北岸的溪湖糖廠也開始將停廠的彰化糖廠轉為蔗板工場以增加額外收入。〔註72〕

二、營業線的增闢

戰後至1956年縱貫線鐵道貨運達45%，〔註73〕如放任糖鐵利用南北線發展貨物運輸，勢必影響縱貫線鐵道的運輸業績，導致國庫收入降低，因此政府

〔註67〕〈警部派員點驗 鐵道民防部隊〉，《臺糖通訊》第38卷第5期（1966年2月），頁3。

〔註68〕〈鐵道防護團虎尾大隊 假溪湖舉行常年訓練〉，《臺糖通訊》第76卷第16期（1985年6月），頁9。

〔註69〕〈交通戰備器材檢察虎尾業務〉，《臺糖通訊》第84卷第1期（1989年1月），頁10。

〔註70〕袁夢鴻，〈鐵道室一年來工作之回顧與前瞻〉，《臺糖通訊》第16卷第1期（1955年1月），頁30。

〔註71〕李學詒，〈一年來糖鐵之回顧與前瞻〉，《臺糖通訊》第18卷第1期（1951年1月），頁23。

〔註72〕〈彰化副產工場 蔗板工場開工〉，《臺糖通訊》第19卷第5期（1956年8月），頁29；〈彰廠硬蔗板新紀錄 日產四千五百餘張〉，《臺糖通訊》第25卷第13期（1959年11月），頁8；〈絕緣蔗板新用途 適宜作保溫材料〉，《臺糖通訊》第35卷第6期（1964年8月），頁4。

〔註73〕陳正祥，《臺灣地誌（中冊）》（臺北：南天書局，1993），頁678。

以「避免彼此業務牴觸」為由，對臺糖糖業鐵道的南北線客貨運量（主要是貨運部分）進行管制，其中包括糖業鐵道營業線，〔註74〕因此為求減少經營成本，臺糖開始於 1951 年後試辦數條專用線轉運營業線的服務。事實上，戰後接管期間，地方民眾經常向臺糖公司聲請延長營業區間，利用部分專用線開辦對外營業，特別是溪州糖廠所轄的大城線，戰時因燃料不足停駛，戰後大城鄉地區人口增加，經地方民眾爭取下，於 1946 年 10 月開辦營業線，以二林線外蘆竹站為起點，將大城專用線轉為大城營業線，設有外蘆竹、尤厝、大城、公館（又稱永和站）等 4 站（見圖 4-12），後增設上山及永安 2 站，有助於大城地區的交通上的發展。〔註75〕然因 1949 年製糖開工期間，客車調度不足，不得不暫停行駛，為顧及地方交通，於專用車後側附掛便乘車以利商旅，待運蔗工作完畢後，大城線於 1950 年又恢復行駛。〔註76〕除大城線外，溪州糖廠又於下霸線及下水埔線兼作不定期營業線。〔註77〕1949 年芳苑鄉民眾期望將營業線延長至芳苑後寮，與 5 位鄉鎮長及縣議員聯合向臺糖陳情，最後核可。〔註78〕

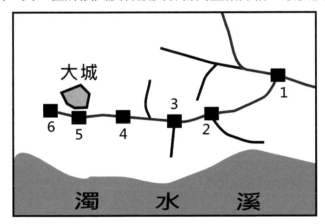

圖 4-12　大城線車站及位置分布圖

1.外蘆竹站；2.永安站；3.尤厝站；4.上山站；5.大城站；6.公館站

〔註74〕李方宸，〈臺灣糖業鐵路經營之研究 1946～1982〉（臺北：國立政治大學歷史所碩士論文，2001），頁 61。

〔註75〕〈溪州糖廠所屬社線　火車恢復暢通〉，《民報》，臺北，1946 年 10 月 2 日，版 3。

〔註76〕〈器材補充不足　溪州鐵路出事〉，《臺糖通訊》第 6 卷第 11 期（1950 年 4 月），頁 65；〈大城線列車恢復行駛〉，《臺灣民聲日報》，臺中，1950 年 3 月 23 日，版 5。

〔註77〕〈溪州糖廠鐵道概況〉，《臺糖通訊》第 1 卷第 17 期（1947 年 10 月），頁 16。

〔註78〕〈溪湖糖廠火車　決展至後寮〉，《臺灣民聲日報》，臺中，1949 年 8 月 10 日，版 3。

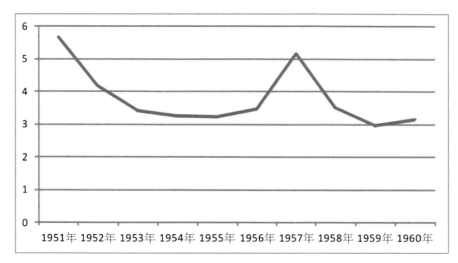

圖 4-13　1951～1960 年國際糖價走勢

資料來源：〈國際糖價重現好景〉，《臺糖通訊》第 48 卷第 4 期（1971 年 2 月），頁 1
整理所繪；左列為美金/磅。

　　1950 年代國際糖價仍不穩定，從圖 4-13 中得知 1952 年後韓戰逐漸和解，
國際糖價也逐年減低，直到蘇伊士運河於 1957 年開通後，糖價才又回復至每
磅 5 美金，〔註 79〕在此期間，臺糖則開始節省營運成本，以間接降低砂糖營
業所需成本，特別是糖業鐵道的運輸上，由於糖業鐵道專用線將近 6 個月處
在閒置的狀況，期間不論是機關車、鐵軌、橋樑均需要保養，致糖鐵每單位
里程的成本偏高，再加上短距離的鐵道運輸，鐵道經營成本比縱貫線鐵道多
出 3 倍。〔註 80〕由此可知專用線鐵道主要運輸甘蔗、砂糖、自用品，糖鐵甘
蔗運量與甘蔗收穫量成正比，但甘蔗種植、收穫量受國際糖價影響，於是臺
糖的策略就轉向營業線發展。

　　1951 年後，各縣市議會及鄉鎮公所又紛紛要求增闢營業線，臺糖經濟拮
据，雖有心增闢營業線以爭取運量，卻無法大量投資，僅能以較急且改良費
用較省的專用線開放營業，1952 年濁水溪以南的莿桐線，在莿桐、麻園地方
人士的請求下，為便利地方交通及各鄉鎮學生通學起見而試辦營業，初期僅
至莿桐，後延長至麻園、沿途增設大庄、三塊厝、惠來厝、莿桐、樹仔腳及

〔註79〕臺灣糖業股份有限公司，〈國際糖價重現好景〉，《臺糖通訊》第 48 卷第 4 期
　　　（1971 年 2 月），頁 1。
〔註80〕袁夢鴻，〈一年來鐵道室工作之回顧與前瞻〉，《臺糖通訊》第 10 卷第 1 期（1952
　　　年 1 月），頁 17。

麻園，〔註81〕後增設平和厝及大埔尾 2 站，共 8 站（見圖 4-14），使莿桐地區的民眾可藉糖鐵營業線往來虎尾之間。

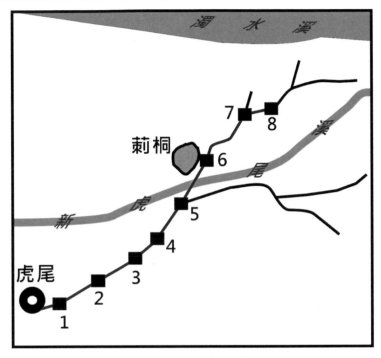

圖 4-14　莿桐線車站及位置分布圖

1.平和厝站；2.大庄站；3.三塊厝站；4.惠來厝站
5.大埔尾站；6.莿桐站；7.樹仔腳站；8.麻園站

在這波臺糖的計畫下，直至 1953 年止，全臺至少已開辦 35 條營業線，濁水溪沿岸共 5 條營業線，與日治時期營業線相比，多出大城線、莿桐線 2 條營業線，兩鄉的民眾藉營業線往來大小鄉鎮之間。由於西螺大橋的開通，西螺線也將營業範圍跨過濁水溪延長至溪州溪墘厝連結二林線，方便濁水溪南北岸的民眾往來。

三、營運改善

（一）甘蔗及鐵道防竊規範的建立

在專用線的營運上，臺糖致力對內減少開銷及損失，具體作法包括：

〔註81〕〈今日虎廠〉，《臺糖通訊》第 11 卷第 18 期（1952 年 12 月），頁 5；〈虎尾糖廠 增開班次〉，《臺灣民聲日報》，臺中，1952 年 7 月 1 日，版 5。

利用南北線自運砂糖，減少轉運縱貫線鐵道的花費，以及自運 Nco310 蔗種及肥料，此外，中華民國政府接收臺灣後，糖業是唯一可以換取大量外匯之資源，臺糖因此也延續日治時期施行原料委員的辦法，派廠警攜械監督蔗農，〔註 82〕避免蔗農及他人於專用線上偷取甘蔗，臺糖認為蔗農已接受糖廠貸款與肥料，理應視作廠方財產，故多次以法律警告，臺灣省政府曾於 1948 年發布通告：盜竊甘蔗頻繁，蔗農深蒙其害，如不加以防止，影響臺灣糖業生產，通飭全省各級警政機關縝密防竊，嚴加取締外，並函請臺灣高等法院轉飭各地方法院對盜竊甘蔗從重處理。〔註 83〕1950 年更以「臺灣省保護製糖原料甘蔗辦法」公布，嚴禁在專用線運輸途中抽取製糖用原料甘蔗之條例納入嚴懲範圍內，並給予檢舉人獎勵，〔註 84〕獎懲方式每區不同，例如：彰化縣蔗作改良推廣協進委員會特發動各村里簽訂保護原料甘蔗公約，如輕犯者，每次繳交違約金新臺幣 20 元，案情嚴重或累犯者加倍議處，並送警察機關，也提供檢舉人六成獎金以資鼓勵。〔註 85〕同時由保警隊組成巡邏隊巡視各專用線鐵道，或駐警在竊蔗較嚴重點，如南北線上二崙虎尾之間的湳仔橋等。〔註 86〕除建立甘蔗防竊規範外，臺糖也積極加強宣導，宣傳方式呈多樣性，包含電影、幻燈片、歌舞、話劇、錄音機、電視等。〔註 87〕

　　臺糖除致力甘蔗防竊外，也須注意專用線或南北線上的鐵道防竊，包括鐵軌、通訊設備、原料車輛內零件、枕木等，尤其鐵軌及通訊設備價格高昂，常為竊賊所覬覦，臺灣省警備總司令部於是於 1949 年以戒嚴令字第 1 號第 4 條第 7 項頒布「戒嚴期間以圖擾亂治安有左列行為之一者，依法處死刑。（七）

〔註 82〕 〈記溪州糖廠的擴大廠務會議〉，《臺糖通訊》第 2 卷第 3 期（1948 年 1 月），頁 20～21。

〔註 83〕 〈為嚴禁盜竊甘蔗，佈告週知〉，《臺灣省政府公報》卅七年秋字第二十八期，1948 年 8 月 3 日，頁 343。

〔註 84〕 〈制定「臺灣省保護製糖原料甘蔗辦法」〉，《臺灣省政府公報》卅九年冬字第六十七期，1950 年 10 月 19 日，頁 986～987。

〔註 85〕 〈彰化縣蔗作改良推廣協進委員會特發動各村里簽訂保護原料甘蔗公約〉，《蔗報》第 14 卷第 10 期（1956 年 11 月），頁 6。

〔註 86〕 〈原料甘蔗 嚴禁盜食〉，《臺糖通訊》第 15 卷第 17 期（1954 年 12 月），頁 6；黃儒柏訪問、記錄，〈廖壁先生訪問紀錄〉（未刊稿），2016 年 2 月 1 日，於廖壁家。

〔註 87〕 〈錄音機新用途——宣傳保蔗〉，《臺糖通訊》第 29 卷第 14 期（1961 年 11 月），頁 4。

破壞交通通訊或竊盜交通通信器材者。」〔註 88〕在此法令下，竊盜事件雖有減少，但仍有竊賊大膽冒險偷竊，如 1962 年西螺大橋的數塊護軌枕木不翼而飛，使大橋失去平衡，影響橋樑的行車安全。〔註 89〕顯示戰後竊盜案件屢見不鮮，需臺糖各場站人員、保警保障鐵道安全。

（二）對外貨運的爭取

在南北平行預備線於 1953 年全線通車前，臺灣省政府於 1952 年發布交通法規〈臺灣糖業公司鐵路南北平行預備線與省營鐵路營運配合辦法〉，內容於第三條指出南北平行預備線需經省政府交通處許可後，方可對外承辦各貨運業務，〔註 90〕因此臺糖為增加額外收入，多次依此法規對外盡力爭取公、民營機構或事業大宗貨運進行代運。

其一，臺灣紙業公司的蔗渣製紙，以虎尾專用線為例，9 萬噸以上由糖業鐵道以 4～15 節列車運送南北線，1 萬噸由縱貫線鐵道承運。虎尾糖廠為縮短蔗渣運輸時間及節省運渣成本，於烏塗子線再增設一條支線通往林內鄉會社尾的寶隆紙廠，〔註 91〕將製糖蔗渣賣予紙廠賺取額外收入，而紙廠以蔗渣製成牛皮紙及瓦楞紙。〔註 92〕

其二，利用專用線載運砂石：除利用日治時期莿桐砂利線運輸砂石外，1960 年溪湖糖廠也增設下水埔支線挖取砂石（見圖 4-15），一方面改造砂石地成為種蔗土地，另一方面又可作為鐵道運輸額外之收入。〔註 93〕

〔註 88〕　〈電各縣市政府為臺糖公司各糖廠所有鐵道暨通訊設備之維護，應准適用「臺灣省警備總司令部佈告戒字第壹號」（臺灣省戒嚴令）第 1 號第 4 條、第 7 條之規定，希遵照〉，《臺灣省政府公報》卅八年冬字第十六期，1949 年 10 月 18 日，頁 200。

〔註 89〕　〈護軌枕木不翼而飛　西螺大橋路面　現已失去平衡〉，《中國時報》，臺北，1962 年 3 月 23 日，版 8。

〔註 90〕　〈制定「臺灣糖業公司鐵路南北平行預備線與省營鐵路營運配合辦法」〉，《臺灣省政府公報》四十一年春字第三期，1952 年 1 月 5 日，頁 18。

〔註 91〕　〈生產原料用蔗漿　紙質在水準之上〉，《經濟日報》，臺北，1967 年 6 月 19 日，版 4；〈虎尾糖廠‧各營業線及各原料線公里表〉，廖壁提供；施添福總纂，《臺灣地名辭書‧卷九（雲林縣）》（南投：國史館臺灣文獻館，2002），頁 203。

〔註 92〕　黃儒柏訪問、記錄，〈趙進富先生訪問紀錄〉（未刊稿），2016 年 4 月 22 日，於林內鄉寶隆製紙廠外。

〔註 93〕　〈增加貨運開墾荒地　下水埔鋪臨時側線〉，《臺糖通訊》第 22 卷第 15 期（1958 年 5 月），頁 30。

圖 4-15　下水埔支線挖取砂石及臺車搬運之情形

資料來源：《臺糖通訊》第 26 卷第 8 期（1960 年 3 月），頁 32。

　　其三，運輸米糧、肥料、農產品及漁貨。日治時期西螺為產米區，米糧多交由臺糖鐵道運輸，以減低費用。〔註 94〕在農產品運輸方面，溪湖糖廠於 1959 年為爭取鐵道貨物收入邀請臺灣省政府交通處鐵路管理局〔註 95〕（以下簡稱臺鐵）溪湖貨運服務站及各運輸公司舉行鐵道貨主聯誼會，以彰化員林及鹿港貨運為大宗的大同貨運公司，也議請公司加開西螺線，自員林經海豐崙到西螺，將員林低廉蔬菜水果運往西螺、北港銷售，〔註 96〕另外，臺鐵也

〔註 94〕　袁夢鴻，〈鐵道室一年來工作之回顧與前瞻〉，《臺糖通訊》第 16 卷第 1 期（1955年 1 月），頁 31。

〔註 95〕　日治時期各製糖會社鋪設鐵道及營運都必需會報鐵道部，鐵道部核可後，便可由製糖會社實施，戰後，承襲日治時期鐵道部之規定，鐵道之鋪設或延長及客貨運規則也需交由臺灣省政府交通處鐵路管理局核可，方能行使。

〔註 96〕　〈溪湖廠召開 貨主聯誼會〉，《臺糖通訊》第 24 卷第 4 期（1959 年 2 月），頁7。

核准臺糖公司虎尾至溪州兩廠鐵路開辦客貨運。〔註 97〕尤其戰後西螺盛產西瓜，透過西螺大橋運輸至溪湖，再轉運至他處。〔註 98〕不僅如此，彰化縣長呂世明重視漁港開發，縣議會也建請利用溪湖至芳苑的王功線充分利用運輸漁貨。〔註 99〕

　　此外，日治時期不定期專用線貨運也延續至戰後提供臺糖額外的收入，依照營業線費率收費，不以專用線費率計算。

　　1973 年在省議員蔡瑞仁建議下，省政府利用糖鐵南北平行線，協助中南部地區貨運的運輸，分擔縱貫線鐵路及公路運輸承運量，緩和日益嚴重的交通壅塞問題。〔註 100〕糖鐵除提供聯運，也訂定利用回頭空貨車裝載貨物的運費等，以節省機關車燃油，並透過引進新型機關車、節省人工成本等開源節流辦法，努力減少糖鐵的虧損（虧損部分將在下節說明）。〔註 101〕

（三）溪州糖廠併入溪湖糖廠及總公司的進駐

　　1953 年至 1954 年臺糖面臨財務上的困難，臺糖協理雷寶華於 1953 年曾言：「公司目前最大的困難是原料面積推廣不易，以及資金周轉困難，前者由於米價高漲、糖價低落，後者因外匯過低，糖價無法提高。」接著又言：「若糖廠無法達到計畫面積時，只好忍痛予以關閉。」〔註 102〕糖廠關閉也影響員工的生計，特別是臺糖內部開始緊縮人事，不得不裁減員工。在這波的裁撤中，彰化地區多屬二期水田，土壤肥沃，灌溉便利，推廣蔗作困難，因而原料缺乏，三座糖廠必須裁撤掉兩座，彰化糖廠及溪州糖廠於 1953～1954 年先後關廠。〔註 103〕

〔註 97〕「准糖業公司電以西螺橋段工作准虎尾與溪州兩廠鐵路開辦客貨業案」（年代不詳），〈臺糖鐵路支線開辦營業案〉，《交通部臺灣鐵路管理局檔案》，國家發展委員會檔案管理局藏，入藏登錄號：A315180000M/0042/178/003/1/001。

〔註 98〕戴震予，《臺灣老火車站巡禮》（新北：遠足文化出版社，2015），頁 201～202。

〔註 99〕〈質詢及答覆〉，《彰化縣議會第五屆第二次大會暨第二次臨時會議事錄》（彰化：彰化縣議會，1962 年），頁 321。

〔註 100〕〈省議員建議利用糖鐵 協助中南部辦理貨運〉，《臺糖通訊》第 53 卷第 17 期（1973 年 12 月），頁 2。

〔註 101〕整理自李方宸，〈臺灣糖業鐵路經營之研究 1946～1982〉，頁 74～113。

〔註 102〕雷寶華（1893～1981）曾於臺糖公司擔任協理，於 1958 年升任臺糖總經理；〈雷協理蒞臨虎總巡視〉，《臺糖通訊》第 13 卷第 10 期（1953 年 10 月），頁 30。

〔註 103〕〈彰各界晉省陳請 請免停辦溪州糖廠〉，《臺灣民聲日報》，臺中，1954 年 5 月 1 日，版 3；臺灣糖業股份有限公司，《臺糖五十年》（臺北：臺灣糖業股份有限公司，1996），頁 612。

　　1954 年為響應政府都市疏散計畫、縮短各廠與公司間的距離及加強公司對於各廠經營的瞭解，〔註 104〕臺糖將總公司遷往溪州，並將員工訓練所遷往虎尾。為便利溪州及其他縣市的來往，臺鐵增開縱貫線鐵道班次。〔註 105〕虎尾糖廠也為配合公司南遷，恢復通行汽油車，來往各廠及總公司間文件，〔註106〕此外，員工子女讀書通勤的問題仍須克服，多數需利用鐵道通勤，因此臺糖調整鐵道交通，員工眷屬子弟依半價收費，而員工搭乘汽油車至虎尾上班者，收費另有優待。〔註 107〕隨著總公司遷往溪州，附近的交通系統也跟著逐漸加強，對於臺糖員工或在地居民而言相當便利。

第三節　臺糖與糖業鐵道的沒落

　　然而在臺糖的經營下，糖業鐵道仍受到許多的考驗，使臺糖對於糖業鐵道的經營方針有所改變，以下就天災造成的損失、水田化對專用線之影響、公路的競爭、優惠票價帶來虧損、鐵道安全維護成本的增加進一步探討。

一、糖業鐵道經營面臨的問題

（一）天災造成的損失

　　自日治時期以來，每當颱風或暴雨來臨時，時常造成水災，導致糖業鐵道受損嚴重，戰後特別是 1959 年的八七水災，各南部糖廠皆有損失，彰化蔗板工廠、虎尾糖廠受災最為嚴重，兩者均遭淹沒。虎尾堤防遭沖毀，虎尾溪北移，影響虎尾糖廠地基，其糖業鐵道線、橋樑及通訊設備損失達百萬元。如南北平行線位於新虎尾溪通往西螺的二崙湳仔木造橋樑因大水而損壞，不僅造成西螺地區往南的交通中斷，西螺地區的貨物也無法經由糖業鐵道對外營運，損失甚大；〔註 108〕溪湖糖廠轄下的鐵道線也蒙受損失，營業線部分

〔註 104〕〈臺糖總公司遷溪州糖廠〉，《臺灣民聲日報》，臺中，1955 年 1 月 17 日，版 4。
〔註 105〕〈對號列車 員林將設站〉，《臺糖通訊》第 15 卷第 17 期（1954 年 12 月），頁 6。
〔註 106〕〈配合公司南遷 溪州至虎尾通行汽油車〉，《臺糖通訊》第 16 卷第 4 期（1955年 2 月），頁 7；〈虎總利用廠線班車 試行區間文書傳遞〉，《臺糖通訊》第 16卷第 8 期（1955 年 3 月），頁 8。
〔註 107〕〈調整鐵道交通 便利子弟上學 溪州附近交通將予加強〉，《臺糖通訊》第 16卷第 5 期（1955 年 2 月），頁 14。
〔註 108〕黃儒柏訪問、記錄，〈廖世恭先生訪問紀錄〉（未刊稿），2016 年 2 月 1 日，於二崙鄉湳仔村社區活動中心。

損失 14 萬元，專用線部分損失 25 萬元，〔註 109〕鄰近濁水溪畔的溪州鄉溪厝村泡在水裡，水深及膝，一旁的二林田中線也遭停駛。〔註 110〕經過這次水災後，臺糖在溪州總公司鐵道室李學詒的指揮下，在極短的時間內搶修鐵道線路，並於數日後回復通車，包括虎尾糖廠的西螺線、崙背線、莿桐線及溪湖糖廠的田中二林線，減少期間所造成的損失，〔註 111〕特別是通往西螺的二崙湳仔橋在此次水災後，自木造橋樑改以鋼筋橋樑，增加抗洪能力。〔註 112〕虎尾溪堤防的修復則至隔年 6 月才完工，並加固北岸防護工程，避免繼續沖刷。〔註 113〕

圖 4-16　遭雪莉風災重創的虎尾鐵橋

資料來源：〈虎總「雪莉」之劫〉，《臺糖通訊》第 27 卷第 5 期（1960 年 8 月），頁 12。

〔註 109〕〈本省中南部豪雨成災　二十餘糖廠遭受損害〉，《臺糖通訊》第 25 卷第 5 期（1959 年 8 月），頁 2。
〔註 110〕黃儒柏訪問、記錄，〈呂永富先生訪問紀錄〉（未刊稿），2016 年 2 月 1 日，於溪厝村社區活動中心。
〔註 111〕〈各廠受災鐵道線路　大部分已搶修恢復〉，《臺糖通訊》第 25 卷第 6 期（1959 年 8 月），頁 6。
〔註 112〕黃儒柏訪問、記錄，〈廖世恭先生訪問紀錄〉（未刊稿），2016 年 2 月 1 日，於二崙鄉湳仔村社區活動中心。
〔註 113〕〈虎尾堤防復舊　工程全部完竣〉，《臺糖通訊》第 26 卷第 18 期（1960 年 6 月），頁 6。

圖 4-17　1965 年臺糖人員視察遭瑪麗颱風沖壞的王功線情形

資料來源：〈王功線複線路基遭沖毀〉，《臺糖通訊》第 37 卷第 7 期（1965 年 9 月），
　　　　　無頁碼。

　　然而隔年 8 月 1 日的雪莉風災（又稱八一風災）再次重創中南部，虎尾
溪水位比八七水災時多出 30 公分，所幸虎尾溪堤防工程修復已完成，與八七
水災相比，受損程度較低，但仍造成斗南線虎尾溪橋樑沖彎，虎尾區內各線
鐵道被迫關閉，1965 年強颱瑪麗來襲，溪湖糖廠遭水災淹沒，轄下王功線複
線鐵橋遭沖毀 150 餘公尺，其他各線路損壞嚴重，大排沙、溪州、萬合、萬
興等農場均淹沒於汪洋之中。〔註 114〕水災及風災不僅造成橋樑遭沖毀，鐵道
也被泡於水中，影響糖業鐵道的運輸，使部分糖業鐵道無法立即運轉，一方
面減少自旅客帶來的收益，另一方面，修復鐵道費用成本高，因此當天災來
臨時，臺糖在鐵道上的虧損十分嚴重。

（二）公路的競爭

　　自 1953 年起臺糖便以不具營運收益為由，開始停駛虧損的營業線，如：

〔註114〕〈瑪麗颱風帶給溪湖的災情〉，《臺糖通訊》第 37 卷第 7 期（1965 年 9 月），
　　　　頁 12。

麥寮線，雲林縣議會雖於 1956 年建請臺糖公司恢復運行麥寮線，〔註 115〕但仍未獲復駛。接著自 1958 年起，臺糖也開始檢討營業線的經營方向，停辦不足以作為「經濟」、「安全」的鐵道線「西螺——南州」線，也就是於西螺大橋上經營 5 年之久的客運線，且對「經濟」、「安全」條件較差的田中二林線不再多作投資。1960 年更停辦莿桐線莿桐至麻園兼營業線段。〔註 116〕

　　自日治時期至戰後，鐵、公路營運互相競爭的關係就已經存在，隨著公路運輸逐漸發達，1950 年代競爭也更加激烈，致使臺糖對於糖業鐵道在營運上更加雪上加霜，特別是雲林地區的臺西客運及彰化南部的員林客運。員林客運鼎盛時員工曾達 500 餘人，擁有自己的道路養護班，業績在全臺客運中排名第二，僅次於新竹客運。不但班車深入彰化、南投各地，路線遠及玉山腳下的塔塔加，方便無數民眾，〔註 117〕臺西客運於 1952 年時新虎尾溪以北的客運線達 9 條（包含斗六——西螺），占臺西客運線的三分之一，其中與糖鐵西螺線平行的西螺——虎尾線每日班次來往各有 8 班車，而與糖鐵崙背線平行的麥寮——西螺線及麥寮——虎尾線每日來往班次則有各有 10 班車及各 8 班車，共佔臺西客運每日來往班次的 26%，〔註 118〕與此區域的糖業鐵道形成競爭的關係。1961 年起，臺糖打算放棄短程客運，全力發展中、長程客運，首先由濁水溪以南的崙背營業線於 1967 年 3 月獲交通部核准停駛，〔註 119〕同年因應臺鐵調漲票價，臺糖也因不敷成本，開始調漲，按原費率增加 15%，〔註 120〕然而調漲的結果使民眾逐漸轉而搭乘公車客運。

〔註 115〕〈請臺糖公司虎尾糖廠將虎尾至崙背間之火車延駛麥寮及三盛兩站以利地交通由〉，《雲林縣議會第三屆第五次大會暨第八、九次臨時會議事錄》（雲林：雲林縣議會，1957），頁 50。

〔註 116〕〈為虎尾糖廠麻園營業線停止行車請予建議虎尾總廠予以通車而利交通由〉，《雲林縣議會第四屆第九次大會暨第十六次臨時會議事錄》（雲林：雲林縣議會，1961），頁 41。

〔註 117〕〈細說從頭話客運　員林客運　當年喊水能結冰〉，《聯合報》，臺北，1999 年 7月 11 日，版 39。

〔註 118〕周重光，〈當前雲林交通概述〉，《雲林文獻》第 2 卷第 1 期（1953 年 3 月），頁 109。

〔註 119〕陳鴻耀，〈糖鐵一年來業務重要措施與今後計劃簡述〉，《臺糖通訊》第 40 卷第 1 期（1967 年 1 月），頁 18。

〔註 120〕〈鐵路調整票價　可能九一實行　臺糖鐵路亦請增加運費　省府已轉報政院核示中〉，《中國時報》，臺北，1967 年 8 月 1 日，版 2；〈臺糖鐵路票價　十日開始調整〉，《中國時報》，臺北，1967 年 9 月 7 日，版 2。

圖 4-18　1970～1979 年溪湖糖廠與虎尾糖廠糖鐵客運營收狀況

資料來源：詳見附錄十三

　　在 1970 年代，公路交通發達，鄉鎮間的汽車客運每天至少有 100 班次，密集度高，往來方便，壓縮糖業鐵道客運的發展，致使乘客銳減 75%，如繼續經營，不免增加人事、管理及維護鐵道的費用，因此減少與公路平行的營業線及班次。1970 年又同時將莿桐線、西螺線、二林線停閉，〔註 121〕雖二林線由彰化縣議會建請暫緩停閉，以利地方經濟發展，〔註 122〕但仍因虧損而不予以恢復客運營運。因此至 1970 年止，濁水溪沿岸糖業鐵道營業線全數停辦，客運事業轉為以公車為主的員林客運及臺西客運，公車也取代糖業鐵道在地區客運的位置。除濁水溪沿岸糖業鐵道營業線外，虎尾糖廠及溪湖糖廠兩糖廠之客運線仍未全軍覆沒，仍有員鹿線、斗南線及北港線提供客運，但至 1979 年止仍持續衰微（見圖 4-18）。

（三）水田化對專用線之影響

　　日治時期，地表水大部分已開發，戰後水源的開發從地表延伸到地下水，政府單位為了解決地表水不足的問題，開始往下探鑽。自臺糖首開其端，於 1949 年冬委託美國莊士敦公司（Johnston International）派員來臺勘

〔註 121〕章志松，〈運輸工作的展望〉，《臺糖通訊》第 48 卷第 1 期（1971 年 1 月），頁 29；黃仲平、黃金寶，〈糖業鐵道田中二林線之初探〉，頁 220。

〔註 122〕〈建議省政府轉請交通部促進臺糖田中──二林線小火車，恢復辦理對外定期客貨營業，以利地方經濟發展而便商旅案〉，《彰化縣議會第七屆第六次大會暨第十一、十二次臨時會議事錄》（彰化：彰化縣議會，1971），頁 82。

察，1951 年完成 117 口深水井，之後又開鑿 122 口深井。〔註 123〕地下水的開鑿對於旱田較多的濁水溪下游沿岸提供重要的水源，使水圳灌溉未到達的地方能有較多的水資源補給，創造了濁水溪沿岸水田化的提升，但這也造成原有植蔗適地，變成水田，如：虎尾糖廠的原料區內農民因米作植期短，週轉快，紛紛轉作水稻，降低農民種植甘蔗的意願。〔註 124〕而溪湖糖廠也面臨此項問題，1968 年仍有 18 個原料區，於 1974 年起陸續裁併為 12個。〔註 125〕

臺糖通訊指出「鑒於各廠原料產量及分布情形多有變動，若干鐵道線路因鐵道每公里原料通過量逐漸減少，形成運輸費用偏高之情形，同時由於鐵道本身缺乏較高的機動性及適應性，不能因原料分布區域之轉變而隨意機動調整，為減少原料運輸費用，遂拆除不經濟的鐵道。」〔註 126〕顯示隨著原料區的萎縮、甘蔗原料的缺乏，糖業鐵道也逐漸減少班次運送甘蔗至糖廠，也使蔗園逐漸遠離鐵道附近，田間運搬距離延長，運搬費用增高，鐵道的虧損也更加嚴重。

（四）優惠票價帶來虧損

在營業線方面，特別是客運票價優待的方針使鐵道營運備受影響。據《蔗報》：「凡蔗農與糖廠訂立契約植蔗，其植蔗面積達 0.3 公頃以上者，自植蔗之日起，其親屬子女，及同居而由契約人扶養之弟妹，需在該廠營業鐵道通學者，可由所屬原料區主任證明，逕行向糖廠申請翌年一年內兩個學期之通學免費乘車證，如所植甘蔗係屬虎尾或北港糖廠，自可享受優待乘坐虎尾或北

〔註 123〕陳正祥，〈臺灣之水資源及其開發〉，《臺灣之水資源》（臺北：臺灣銀行經濟研究室，1966），頁 76。

〔註 124〕胡示乃，〈推廣與保蔗運動在虎總〉，《臺糖通訊》第 33 卷第 14 期（1963 年11 月），頁 11。

〔註 125〕1974 年合併為 12 個，舊濁水溪以南剩 8 個，為芳苑、大城、二林、埤頭、溪州、福興（王功）、萬興、北斗，至 1998 年為止，溪湖糖廠所管轄的原料區剩北斗、溪州、福興、萬興、二林、芳苑 6 個原料區，見溪湖糖廠文物館內 1968 年所製臺糖公司溪湖糖廠蔗作研究共同經營班分布圖及 1974 年所製溪湖糖廠區域圖；張素玢，《濁水溪 300 年：歷史・社會・環境》（臺北：衛城出版社，2014），頁 146。

〔註 126〕陳鴻耀，〈糖鐵一年來業務重要措施〉，《臺糖通訊》第 36 卷第 1 期（1965 年1 月），頁 14；〈配合業務公司訂頒 道路運輸原料規則〉，《臺糖通訊》第 57卷第 8 期（1975 年 9 月），頁 2。

港糖廠火車」。〔註127〕在溪州糖廠方面，《蔗報》提到：「為鼓勵蔗農多種甘蔗及集團蔗園，以節省農戶手續起見決定有優待蔗農免費乘車辦法一種，其種植面積達 2 公頃以上者免費搭乘廠線火車往返 30 次，3 公頃以上者 50 次。」〔註128〕顯見為鼓勵蔗農多種甘蔗，而辦理此項優惠。

筆者由於無法得知各糖廠每一年度搭乘客運之人數，因此以全臺搭乘人數做依據，說明當時全臺糖鐵營業之情形，從《交通年鑑 1950～1960 年版》得知客運以鄉民及學生最多，全臺學生人數佔客運總人數的 54%，但票價率僅為普通旅客 4%～25% 之間，〔註129〕這使得學生搭乘臺糖營業線的意願居高不下，接著據 1966 年鐵道處陳鴻耀經理於《臺糖通訊》所記錄得知，客運人數為 18,036,368 人，較 1965 年增加 260,937 人，但學生人數卻為總搭乘數的一半以上，達 61.8%，而與 1965 年學生搭乘數比較得知，客運增加幾乎為學生，〔註130〕各校也造列名冊統一購買學生定期票，減輕學生交通負擔。〔註131〕

不僅是學生，對於軍人、有關業務之地方人士、各廠員工均提供免費搭乘，特別是各廠員工，據 1949 年時臺糖內部統計資料得知，臺糖全體員工達 24,444 人，〔註132〕雖於 1950 年起逐步縮減員工，1953 年全臺免費搭乘的糖鐵營業線虧損仍達 1,500 萬元，〔註133〕直到 1970 年仍有員工數 16,000 人。〔註134〕

此外，糖業鐵道與臺鐵縱貫線也辦理客運聯運，並發售來回票，享有 85 折優待。〔註135〕再來以臺灣縱貫線鐵道票價與糖鐵營業線票價表（見表 4-1）

〔註127〕〈蔗友信箱〉，《蔗報》，第 17 卷 6 期（1958 年 3 月），頁 14。

〔註128〕〈溪州糖廠召開會議 商討下期增產計畫〉，《蔗報》第 5 卷第 4 期（1952 年 2 月），頁 5。

〔註129〕中華民國交通部交通研究所編，《交通年鑑（民國 39～49 年）》（臺北：同著者，1962），頁 527。

〔註130〕陳鴻耀，〈糖鐵一年來業務績效檢討與展望〉，《臺糖通訊》第 38 卷第 1 期（1966 年 1 月），頁 13。

〔註131〕〈臺糖鐵路發售學生定期月票准比照省鐵辦法由學校統籌申購辦理〉，《臺灣省政府公報》五十五年夏字第四十四期，1966 年 5 月 23 日，頁 5。

〔註132〕〈本公司 38 年 3 月份員工人數統計表〉，《臺糖通訊》第 4 卷第 15 期（1949 年 5 月），頁 31。

〔註133〕袁夢鴻，〈臺糖鐵道四〇～四一年期之運輸及其成本檢討和工作報告〉，《臺糖通訊》第 11 卷第 2 期（1952 年 7 月），頁 5。

〔註134〕林文彬，〈成就感是轉業成功之關鍵 藍領階級撐起臺糖 IT 一片天〉，http://online.ithome.com.tw/itadm/article.php?c=53088&s=1（2016/4/1 點閱）。

〔註135〕1966 年〈臺鐵糖鐵聯運車站表〉，收錄於洪致文，《珍藏世紀臺灣鐵道——地方鐵道篇》，頁 155。

做分析：縱貫線鐵道每公里 0.19 元，〔註136〕糖鐵營業線則每公里介於 0.23～0.26 元之間，兩者比較得知未有明顯差距，若以當時蓬萊米的物價做衡量，1 公斤為 5.99 元上下，〔註137〕顯見糖鐵營業線票價相對低廉。一旦提供免費票價或折價，糖鐵客運便會嚴重虧損。

表 4-1　1966 年濁水溪下游糖業鐵道營業線票價表

營業線	車站	車站	里程（公里）	票價（元）	平均每公里票價
田中二林線	田中	田尾	8.0	2.00	0.25
		北斗	9.9	2.50	0.252
		南州（溪州）	14.0	3.50	0.25
		二林	29.3	7.00	0.238
斗南線	斗南	虎尾	7.6	2.00	0.263
		西螺	23.2	6.00	0.258
		崙背*	—	—	—
		莿桐*	—	—	—

*表示筆者暫未取得此項資料。
資料來源：1966 年〈臺鐵糖鐵聯運車站表〉，收錄於洪致文，《珍藏世紀臺灣鐵道——地方鐵道篇》，頁 155。

（五）鐵道安全維護成本的增加

自日治時期起，糖鐵意外事故已發生多次，但仍未有良好的改善，戰後臺糖已逐步重視鐵道安全性的問題，並頒布「鐵路行車規則」，雖有速度及閉塞區〔註138〕間的限制、號誌規則、行車標誌、行車事變的處理等，〔註139〕然仍無法有效降低鐵道的事故率，特別是於 1956 年 12 月 27 日於溪湖糖廠員鹿線〔註140〕二重湳鐵道橋發生的蔗車與客車追撞事故，便是由於閉塞問題而

〔註136〕〈省營鐵路客票調整沿革與物價指數比較〉，《1966 年度臺灣交通統計彙報》（南投：臺灣省政府交通處，1967），頁 30。
〔註137〕〈歷年白米零售價格〉，《1966 年度臺灣糧食統計要覽》（南投：臺灣省糧食局，1967），頁 144。
〔註138〕主要防止列車對撞或追撞的方式，為保障鐵路安全的方法之一。
〔註139〕「據報臺糖鐵路客貨運輸及行車補充規則一案准予備查知照由」（1951 年 5 月），〈鐵路運輸規章〉，《省級機關檔案》，國史館臺灣文獻館藏，入藏登錄號：0040761011917014。
〔註140〕員鹿線為溪湖糖廠自日治時期連通之糖業鐵道，主要經營員林經溪湖至鹿港之客貨運，二重湳鐵道橋之事故正是發生於員林至溪湖之間。

造成四死多傷的事件，這起事件也受當局重視，要求臺糖鐵道室撰寫專案報告，並嚴懲相關疏職人員，臺糖公司為加強行車保安增添號誌及平交道設備。〔註141〕這也影響到臺糖其他營業線，包含斗南線的號誌機裝設（見圖4-19）。

圖4-19　斗南線新裝號誌機

資料來源：〈鐵道新猷──號誌機〉，《臺糖通訊》第24卷第18期（1959年6月），無頁碼。

　　1970年代後，城鎮郊區及聚落出現市街化的現象，其城市範圍不斷在擴張，糖鐵沿線也緊鄰市街巷弄，交通每日往來頻繁，車流量提高糖鐵平交道發生的事故率，加上雨天時，機車或腳踏車難免因鐵軌打滑而造成事故，引起地方民眾對於糖鐵多有顧慮及埋怨，聲請遷移或拆除糖鐵的訴求也隨之增加。對此，自1969年交通部頒布「道路交通安全工作實施計劃」，臺糖為配合該方案的推行，決定逐年改善平交道防護措施，如：加設遮斷器與警報器、整頓平交道路面及號誌、清除平交道障礙物、要求列車減速通過平交道等，〔註142〕特別就西螺大橋上的糖業軌道多次施工改善，以符合交通安全的要求。〔註143〕

〔註141〕「奉令為本公司溪湖廠二重湳站發生列車衝撞事變一案應將加強行車安全措施並將辦理傷亡情形具報等因謹呈復請察核」（1957年2月25日），〈臺糖溪湖糖廠火車事故〉，《國營事業司檔案》，近史所檔案館藏，入藏登錄號：35-25-14-96。
〔註142〕李方宸，〈臺灣糖業鐵路經營之研究1946～1982〉，頁143。
〔註143〕章志松，〈運輸工作〉，《臺糖通訊》第46卷第1期（1970年1月），頁15。

圖 4-20　兩塊式軌枕

（紅圈處為減少成本而設置的鐵圈）（筆者於崙背線興化厝站拍攝，2016 年 4 月 8 日）

　　糖鐵的維護及修復也包含在鐵道安全性的課題中，其有賴於糖廠內部鐵道課的道班工，每座糖廠均配有數位道班工以道班車來維持鐵道營運上的安全。〔註 144〕鐵道的平衡性為其安全性之重點，1946～1951 年使用的洋灰枕為混凝土式枕木，但因混凝土枕木昂貴，為減少成本、減少重量、方便組裝，僅以兩塊式的枕木作為基底，中間再以鐵圈連結，但此做法卻造成鐵軌的不平衡，一旦老鼠或其他動物在鐵軌下鑽洞，加上中間鐵圈生鏽斷裂，火車便容易失去平衡而出軌，因此於 1987 年起逐漸淘汰兩塊式軌枕，改用整塊式軌枕以避免類似的事故發生。〔註 145〕期間隨著濁水溪沿岸的採石產量越來越少，1970 年代便遭裁撤，而砂利線鐵道也遭拆除，使軌枕工廠也不得不停止製造枕木，並於 1977 年報廢拆除，〔註 146〕改由臺南新營糖廠製造軌枕供虎尾糖廠使用。

二、甘蔗「運輸機動化」與鐵道線逐步拆除

　　隨著原料區的萎縮，蔗園已逐漸遠離鐵道附近，田間運搬距離延長，運

〔註 144〕黃儒柏訪問、記錄，〈黃益雄先生訪問紀錄〉（未刊稿），2016 年 3 月 17 日，於黃益雄家中。

〔註 145〕〈積極改善設備與地方關係〉，《臺糖通訊》第 82 卷第 14 期（1989 年 5 月），頁 13；黃儒柏訪問、記錄，〈黃益雄先生訪問紀錄〉（未刊稿），2016 年 3 月 17 日，於黃益雄家中。

〔註 146〕黃儒柏訪問、記錄，〈程先生訪問紀錄〉（未刊稿），2016 年 5 月 3 日，於虎尾糖廠鐵道股。

搬費用增高，加之鐵道受政府法規的限制，〔註147〕臺糖也開始考量糖業鐵道的運輸及人力成本，於是逐步採行機械化採收及卡車運輸，並減少專用線列車的班次，鐵道線也逐一廢線。

日治時期至戰後初期，採收甘蔗過程中需大量使用人工綑紮，在莿桐地區則約有 30～40 人採收，包含採收員、清理及綑紮的員工，每 20 公斤一捆，裝上拖車或牛車，而牛車一次大概載約 1,000～2,000 公斤的甘蔗，轉至鐵道裝車場（又稱蔗埕），再轉裝原料車於下午 4～5 點時進廠製糖。〔註148〕但由於經濟與運輸環境變化劇烈，包含勞力短缺與工資高漲等問題逐漸顯現，特別在人力上，如不利用人工綑紮，直接搬入拖車及原料車，裝車情形勢必凌亂蓬鬆，有礙於行車安全與保蔗困難，〔註149〕再加上鐵道的設備仍停留在半機械化的狀態下，因此提出「運輸機動化」的目標，研究發展散裝運輸及裝卸機械化等工作，〔註150〕故於 1970 年屏東糖廠率先推出自行設計之蔗箱車，以配合機械採取原料田間搬運，為減輕蔗箱車的重量、簡化蔗箱車裝備及減少原料裝運至蔗箱車所需時間。〔註151〕

在鐵道逐漸廢線的同時，原料甘蔗則逐漸改以機動性高的卡車運輸，直接進入田間作業，減少中間轉折，費用也低於田間搬運費用與鐵道輸送費用的總和，對降低運輸成本，提高甘蔗新鮮度，增加蔗糖率有莫大的幫助。〔註152〕溪湖糖廠於 1972 年為擴大種蔗區域，努力向山海地區發展，凡鐵道無法承運的原料區，用卡車由採收蔗園，直接運廠壓榨。〔註153〕但經臺糖對於運輸的統計資料得出道路運輸並無法減少成本，反而因為道路運輸成本而提

〔註147〕〈配合業務公司訂頒 道路運輸原料規則〉，《臺糖通訊》第 57 卷第 8 期（1975 年 9 月），頁 2。

〔註148〕黃儒柏訪問、記錄，〈鄭坤木先生訪問紀錄〉（未刊稿），2016 年 5 月 2 日，於鄭坤木家中。

〔註149〕朱杞華，〈本省蔗田機械採收之可行性〉，《臺糖通訊》第 43 卷第 17 期（1968 年 12 月），頁 12。

〔註150〕〈臺糖的六化運動〉，《臺糖通訊》第 47 卷第 3 期（1970 年 7 月），頁 13。

〔註151〕慕音，〈創新在屏東〉，《臺糖通訊》第 48 卷第 8 期（1971 年 3 月），頁 4；袁夢鴻等，〈澳洲、馬來西亞考察報告〉，《臺糖通訊》第 47 卷第 15 期（1970 年 11 月），頁 15。

〔註152〕〈配合業務公司訂頒 道路運輸原料規則〉，《臺糖通訊》第 57 卷第 8 期（1975 年 9 月），頁 2。

〔註153〕〈溪廠道路運輸 爭取原料推廣〉，《臺糖通訊》第 50 卷第 4 期（1972 年 2 月），頁 3。

高，係因使用自家卡車僅需支付固定維修費，但有些單位卻不善加利用自家卡車，而是雇用卡車運輸公司，使運輸成本增加，〔註154〕成為臺糖運輸處面臨的問題。自 1981～1989 年間又再度進行第二期設備機動化計劃，〔註155〕但透過 1974～1990 年《運輸業務資料》統計後，公路運輸在 1974～1990 年間溪湖糖廠及虎尾糖廠僅佔 13～28%、11～18%之間，顯示由於西半部平原溪湖及虎尾二糖廠之糖業鐵道仍具鐵道效益，兩糖廠仍以鐵道運輸為主體，兼有少量道路運輸至工廠（見圖 4-21）。

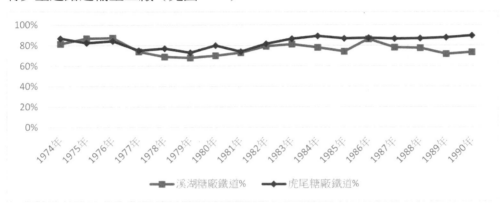

圖 4-21　1974～1990 年溪湖糖廠及虎尾糖廠鐵道專用線比例曲線圖

資料來源：詳見附錄十五

自 1970 年來臺糖各糖廠原料區間的分布狀況多有變動，加上農場規模減少，若干鐵道線路因原料通過量少，形成運輸費用偏高的現象，〔註156〕臺糖在考量後，依照行政院於 1962 年頒布的「國營事業土地買賣交換辦法」第三條「無保留價值」為由，〔註157〕拆除不經濟的鐵道路線並出售土地。〔註158〕

〔註154〕〈運輸要有企業管理及成本的觀念〉，《臺糖通訊》第 71 卷第 11 期（1982 年 10 月），頁 11。

〔註155〕張聖坤，〈從運輸型態看南州糖廠轉型經營之研究——以 1968 年至 2007 年為例〉，頁 155。

〔註156〕〈臺糖鐵路〉，《臺糖通訊》第 49 卷第 5 期（1971 年 8 月），頁 29；〈現代化國家必須有現代化交通——從拆除小鐵路說起〉，《中國時報》，臺北，1971 年 7 月 28 日，版 2。

〔註157〕〈制定「國營事業土地買賣交換辦法」〉，《總統府公報》臺 51 內字第 7064 號，1962 年 11 月 9 日。

〔註158〕常福琛，〈臺糖土地之處理〉，《臺糖通訊》第 89 卷第 18 期（1991 年 12 月），頁 19。

虎尾糖廠首先於 1967 年拆除莿桐支線，〔註159〕同時大庄線也改用租用卡車運輸而遭拆除。〔註160〕而大有線通往龍岩糖廠的鐵道橋於 1965 年龍岩糖廠關閉後遭拆除，阿勸農場的原料甘蔗僅能從崙背線運往虎尾糖廠製糖。〔註161〕1974年莿桐線因位於都市計畫之工業區內，影響莿桐鄉都市之發展，遂將其拆除。〔註162〕西螺線則於 1984 年後，才開始拆除。〔註163〕

　　而溪湖糖廠也於 1970 年代開始拆除不經濟原料線，在 1974～1975 年配合擴建計劃、運輸設備規劃中，先後拆除不經濟原料線 46.2 公里後，逐漸轉虧為盈。〔註164〕鐵道拆除後，臺糖原想保留廢線基地作為卡車機動車輛搬運原料，但道路使用後便無法變更使用，也不得出售，對公司為一大損失，且自設鐵道具有維護保養的問題，因此臺糖在拆除鐵道後，將土地出售，鐵道拆除前先深入調查道路情況，預先規劃，待拆除後，可利用既有道路供運輸原料，在利用廢線基地做道路時，向鄉鎮公所負責補修維護。〔註165〕

表 4-2　溪湖糖廠糖業鐵道拆除年表

年代	拆除的糖鐵線段
1977 年	二水線、田中線
1981 年	田頭線
1985 年	火燒厝線
1986 年	溝子墘線

〔註159〕陳鴻耀，〈糖鐵一年來業務重要措施與今後計劃簡述〉，《臺糖通訊》第 40 卷第 1 期（1967 年 1 月），頁 18。

〔註160〕陳鴻耀，〈糖鐵一年來設備更新及鐵道業務概述〉，《臺糖通訊》第 42 卷第 1 期（1968 年 1 月），頁 18。

〔註161〕黃儒柏訪問、記錄，〈陳先生訪問紀錄〉（未刊稿），2016 年 4 月 10 日，於臺糖阿勸農場。

〔註162〕〈請臺糖公司虎尾總廠將虎尾往莿桐線之鐵路遷移以利莿桐都市計劃之發展案〉，《雲林縣議會第八屆第三次大會第五、六次臨時大會議事錄》（雲林：雲林縣議會，1975），頁 397。

〔註163〕〈臺糖廢鐵路影響通行　縣農劃委會援手脈地鋪路　西螺中興里民好消息〉，《聯合報（地方版）》，臺北，1987 年 3 月 18 日，版 13。

〔註164〕〈總經理視察溪湖廠業務〉，《臺糖通訊》第 54 卷第 11 期（1974 年 4 月），頁 6；〈董事長巡視　臺東溪湖廠〉，《臺糖通訊》第 56 卷第 15 期（1975 年 5 月），頁 5。

〔註165〕〈鐵路拆除地基　以出售為原則〉，《臺糖通訊》第 58 卷第 18 期（1976 年 6 月），頁 5。

1989 年	大城線
1990 年	水尾線、下霸線
1992 年	路上厝線

資料來源：整理自呂宗修計畫主持，《彰化縣溪湖糖廠製糖工廠、五分車站調查研究
　　　　　暨修護計劃：五分仔與高煙囪》（彰化：彰化縣文化局，2009 年），頁 81。
說明：拆除鐵道線不代表完全拆除該線段，而是部分拆除。

　　除蔗作區的鐵道面臨拆除之外，1959～1979 年間，糖鐵南北平行線也因
應災害及政府措施有三次較大的變動而停駛並拆除，第一次為臺中糖廠因中
南線、濁水線遭受八七水災，中南線的烏溪大橋損害嚴重，臺糖斟酌財力後，
決定放棄重建，南北線改以二水站為起點。〔註 166〕第二次為 1974 年，縱貫線
鐵道進行鐵路電氣化工程，架設電車纜線時，需得淨空，糖鐵南北線位於二
水番仔田（今合和村）、坑口（今復興村）的高架橋必須拆除，臺糖也認為該
路段已無運輸價值，遂將南北平行線北端遷移至地位較佳的溪湖糖廠員林
站，南北線里程改為 218 公里。〔註 167〕第三次由於自 1958 年「西螺——南州」
線的停辦及南北線貨運通過西螺大橋受益費過高等理由，〔註 168〕大橋上的糖
鐵南北線路段已較少人使用，臺灣公路交通日益發達，地方民眾更反映橋上
的鐵道高出橋面，不利於道路行車安全，〔註 169〕常發生腳踏車車輪不慎卡在
橋上鐵道內溝處，造成騎士受傷的事件，〔註 170〕因此於 1979 年獲准廢止西螺
大橋的南北線，拆除西螺大橋上的糖鐵線，臺糖也將南北線北端改至虎尾糖
廠的斗南車站，〔註 171〕南北平行線也隨著其功能的消失至此退出濁水溪的歷
史舞臺。

三、糖業鐵道的轉化

　　在糖業鐵道逐漸停駛或拆除後，糖業鐵道的記憶也逐漸埋沒。在政府極

〔註 166〕羅翁之等編，《臺糖三十年發展史》，頁 136。
〔註 167〕臺灣糖業股份有限公司，《臺糖五十年》，頁 280。
〔註 168〕〈公民營鐵道監察小組　考察本公司鐵道業務〉，《臺糖通訊》第 35 卷第 18
　　　　期（1964 年 12 月），頁 5。
〔註 169〕但香蕉，〈提高責任感克服困難問題〉，《臺糖通訊》第 65 卷第 11 期（1979
　　　　年 10 月），頁 13。
〔註 170〕黃儒柏訪問、記錄，〈呂永富先生訪問紀錄〉（未刊稿），2016 年 3 月 17 日，
　　　　於溪厝村社區活動中心。
〔註 171〕臺灣糖業股份有限公司，《臺糖五十年》，頁 280。

力推展社區總體營造後，以下而上的方式自發性運作，凝聚起一股社區意識，透過參與社區活動，重現社區特色，吸引遊客，以利振興地方產業並留住人才，而糖業鐵道的記憶也在社區凝聚的過程中被喚醒，並發展成不同的鐵道意象進而活化社區。濁水溪下游以糖業鐵道作為社區總體營造的社區包含二林鎮香田里、溪州鄉溪厝村、二崙鄉湳仔村、麥寮鄉施厝村、莿桐鄉四合村。這些社區在村里長或社區發展協會的努力下花費大量的時間及經費，透過繪畫、臺車的設置及自行車道的鋪設等方式凸顯糖業鐵道風華。

除社區外，糖廠也在轉型的過程中承載起記憶，在溪湖糖廠方面，糖廠在 2002 年關廠後轉型及人員裁撤的問題，故轉型為觀光園區，提供懷舊、新奇、新鮮等各種不同的休閒方式。在虎尾糖廠方面，在地方文史工作者極力爭取及地方政府與虎尾糖廠的配合下，虎尾溪鐵橋成為縣定古蹟，虎尾驛站則成為歷史建築，﹝註 172﹞使糖業鐵道的記憶得以保存。但不論是社區總體營造的鐵道意象或是以觀光及文化保存為主的糖廠鐵道設施，其經營都有仍待未來的考驗。

小結

戰後中華民國政府接收臺灣糖業後，便開始一系列的糖業復舊計畫，主要修復戰時遭大水沖毀的橋樑以及遭炸毀的場站、車庫等建築，並抽換老舊木枕為混凝土軌枕，降低購買木材及抽換軌道的人事成本。糖業鐵道也在此計畫中脫胎換骨，並迅速的重建，試圖回復日治時期鐵道經營的狀態。

政府為加強臺灣的國防能力，串接起日治時期南北各製糖株式會社的糖業鐵道，稱「南北平行預備線」，在連結濁水溪兩岸的西螺大橋於 1953 年通車後，成為新蔗種 Nco310 蔗種的推廣管道、反共抗俄臺糖鐵路列車宣傳以及糖廠的額外收入：「蔗渣」的運送與利用等重要媒介，同時也是溪州糖廠及虎尾糖廠之間的聯絡鐵道，當其中一廠原料甘蔗不足，可經由南北線補足另一廠之原料甘蔗，因此糖鐵南北線盤整起整個濁水溪下游的糖業鐵道。

1950 年代受到國際糖價的影響，甘蔗種植趨於低迷，加上政府擔憂南北線減少縱貫線鐵道的運輸業績，對糖業鐵道的南北線客貨運量（主要是貨運）

﹝註 172﹞ 胡愷婷，〈虎尾糖廠與市街紋理永續保存之探討〉（臺北：國立臺北藝術大學建築與古蹟保存碩士論文，2010），頁 102。

進行管制，臺糖為求減少經營成本，開始於 1951 年後試辦數條專用線轉運營業線的服務，並陸續增闢或延長營業線，以利增加客運量。在專用線的部分則特別針對運蔗過程加以保護，以減少甘蔗損失，並設置保警巡查。而在專用線有半年的停工期中，為增加額外收入，盡力爭取代運，包括利用南北線載運蔗渣、砂石與農作物等。在這樣的時代下，臺糖仍面臨財務上的困難，彰化糖廠及溪州糖廠也遭裁撤，臺糖為響應政府都市疏散計畫於 1954 年將總公司遷至溪州，糖業鐵道更是提供總公司至其他各糖廠重要的交通工具之一。

但臺糖在鐵道的努力經營下仍無法挽回頹勢，隨著糖業鐵道在天災造成的損失、公路的競爭、水田化對專用線之影響、優惠票價帶來虧損、鐵道安全維護成本的增加等考量下，開始減少營業線及專用線的班次，並逐步拆除不經濟的鐵道線，鐵道的土地則作出售，以增加收益，糖鐵也就此走向衰微。

隨著鐵道線一一拆除，民間文史工作者、耆老開始回憶起搭乘糖業鐵道的光景，今日雖無糖業火車復駛，但仍有糖廠觀光小火車提供遊客回憶及休閒的管道，不僅如此，也包含靜態展示或以文資法保存糖業鐵道相關設施，其是否持續下去，仍待時間考驗。

結　論

　　濁水溪孕育了良好的農業環境，對日治時期糖業提供發展的基礎，戰後濁水溪兩岸糖廠各曾經創下全臺最高製糖量，臺糖因國防需求，興築南北平行預備線，連結起各中南部糖廠鐵道線，而跨越濁水溪西螺大橋上的糖業鐵道更顯其重要性。因此本論文以濁水溪下游為空間，探討糖業鐵道的發展。

　　糖業鐵道依其功能分為專用線及營業線，前者擔任原料運輸的功能，後者則提供一般客貨運的服務，遍及地方與市街。專用線下又有砂利線運輸砂石，作為建築移民村及飛行場之建材。日治後期，鐵道在公路運輸蓬勃的衝擊下轉趨沒落，總督府為保障國有鐵道的經營，利用國有鐵道與船運、公路運輸、糖業鐵道作為聯運，製糖會社也紛紛效仿，並由客運為主的經營轉為貨運，使糖鐵營業線之經營創下另一波高峰。然而在二戰的影響下，作物生產以軍需為主，各製糖會社基於「臺灣糖業令」，植蔗面積與甘蔗買收價格均受到控制，少數不符合經濟效益的糖業鐵道被拆，其鐵材融成武器作為運往太平洋戰爭的戰備物資。

　　戰後政府接收四大製糖株式會社，將之合併成國營的臺灣糖業有限公司。臺糖公司為使糖業恢復到戰前水準，重新鋪設鐵道，淘汰經營效益較差的路線。1949 年國民政府撤退來臺後，由臺灣糖業有限公司改為臺灣糖業股份有限公司，為備戰開始連結起糖鐵南北平行線，這也使得糖廠之間得以互相支援原料，但政府又恐南北線影響縱貫線鐵道的運輸業績，對臺糖糖業鐵道的南北線客貨運量（主要是貨運）進行管制，因此臺糖轉為經營客運業，除增加客運線大城線、莿桐線外，也試圖改善客運服務品質。

　　然而臺糖的努力仍無法因應時代的變化，1970 年代以後，由於糖業沒落，糖業鐵道的利用價值也隨之遞減，再加上修復、維護的成本提高，以及票價低廉、客運公車的競爭，終於落入停駛及拆除的命運。

　　本文分析糖業鐵道線在濁水溪下游的空間分布，也呈現糖業鐵道在政府及軍方控制下，其興衰與國家政策密切關係。日治時期為中南部聚落街庄之間最主要的交通工具，戰後因國防需求下，連接起濁水溪南北岸的交通線，運輸大量農產品來往南北，加速濁水溪南北兩岸的貿易與貨物的流動。

　　1970 年代以後，糖鐵沒落，至 21 世紀，政府極力推展社區總體營造，糖業鐵道發展成不同的意象及文化資產進而活化社區。糖廠也轉化為觀光園區，在社區及糖廠的努力下，糖業鐵道的記憶得以繼續延續。

附　錄

附錄一　1910～1926 年營業線鐵道貨運總整理

單位：噸／圓

	米		雜穀		甘蔗		砂糖		薪炭		食品		雜品		總數		收入	
	日糖	林糖	日糖	林糖	日糖	林糖	日糖	林糖	日糖	林糖	日糖	林糖	日糖	林糖	日糖	林糖	日糖	林糖
1910年	337.30	22.00	14.00	24.70	0.00	0.00	149.10	222.90	102.70	454.60	91.60	42.40	13,701.80	405.70	14,396.50	1,172.30	13,966.65	905.56
1911年	732.90	175.90	240.80	617.80	0.00	0.00	497.60	2,454.70	263.70	1,843.10	526.30	446.80	2,329.50	2,415.50	4,590.80	7,953.80	5,118.73	5,275.34
1912年	758.70	79.40	1,559.90	411.30	0.00	0.00	46.40	1,882.10	175.10	1,772.40	632.80	493.90	4,306.20	3,227.90	7,479.10	7,867.00	7,829.70	7,174.84
1913年	1,642.00	281.60	3,668.00	3,233.20	0.00	0.00	35.90	341.10	312.80	1,501.70	1,789.00	1,275.00	5,524.30	5,804.70	12,992.00	12,437.30	12,792.58	16,343.75
1914年	1,132.80	198.00	3,052.70	1,323.20	0.00	0.00	56.60	1,546.80	350.40	1,875.10	1,247.90	1,398.10	6,277.10	6,946.20	12,117.50	13,196.50	12,531.43	9,189.88
1915年	1,747.50	127.00	3,693.20	2,784.00	0.00	0.00	33.80	328.60	328.60	3,376.00	1,232.80	2,158.80	5,457.20	6,738.60	12,493.70	18,371.90	14,004.71	15,418.59
1916年	2,687.80	108.10	2,700.80	2,782.30	11.00	0.00	18.30	5,356.70	549.90	6,683.40	2,155.00	3,653.10	7,428.40	6,996.20	15,540.20	25,579.80	18,145.81	19,081.35
1917年	2,339.00	226.00	3,744.00	3,672.00	0.00	2.00	53.00	6,346.00	685.00	9,407.00	2,754.00	3,897.00	10,847.00	10,086.00	20,424.00	33,634.00	21,829.57	23,407.65
1918年	4,025.00	2,711.00	3,805.00	2,215.00	0.00	300.00	104.00	2,779.00	746.00	2,079.00	4,388.00	4,782.00	9,285.00	23,500.00	22,353.00	38,000.00	26,370.88	29,741.24
1919年	4,507.00	2,924.00	3,848.00	2,717.00	0.00	33.00	87.00	908.00	1,255.00	2,069.00	4,330.00	4,444.00	13,990.00	28,278.00	28,017.00	41,637.00	31,019.77	33,897.60
1920年	1,520.00	2,337.00	8,725.00	1,257.00	0.00	44.00	95.00	560.00	485.00	1,587.00	4,128.00	3,155.00	11,740.00	16,003.00	26,693.00	24,931.00	32,759.43	25,123.91
1921年	4,156.00	1,966.00	4,459.00	401.00	0.00	17.40	83.00	526.00	579.00	1,341.00	4,043.00	2,097.00	8,453.00	16,203.00	21,773.00	22,578.00	27,758.16	23,560.28
1922年	5,022.50	2,772.20	4,869.70	713.20	0.00	1,430.40	79.70	124.60	397.10	465.40	4,832.40	3,049.10	8,332.90	9,694.80	23,534.30	16,836.70	30,793.99	23,235.75
1923年	8,260.80	3,738.40	3,741.00	1,056.70	0.00	86.20	94.60	140.80	989.70	349.40	4,943.10	4,010.00	18,183.50	10,947.80	36,212.70	21,673.50	38,055.58	28,158.97
1924年	14,744.20	4,132.90	4,850.80	2,328.00	0.00	621.00	168.50	1,015.20	1,186.60	1,869.80	7,460.60	5,866.10	16,299.40	13,655.20	44,710.10	28,055.60	47,228.70	35,285.96
1925年	16,044.30	5,320.40	5,805.70	2,080.30	0.00	621.00	309.80	827.80	3,009.50	1,892.70	7,989.60	5,866.10	34,551.70	20,802.00	67,710.10	37,410.30	70,444.90	51,704.24
1926年	16,044.30	5,320.40	5,805.70	2,080.30	0.00	621.00	309.80	827.80	3,009.50	1,892.70	7,989.60	5,866.10	34,551.70	20,802.00	67,710.10	37,410.30	70,444.90	51,704.24

資料來源：1910～1926 年《總督府鐵道部年報·統計表》所製。

說明：1925、1926 年因資料重複，推測 1926 年資料有誤。

附錄二　1927～1930 年營業線鐵道貨運總整理

單位：噸／圓

	米		雜穀		甘蔗		砂糖		薪炭		食品		結品		總數		收入	
	日糖	鹽糖	日糖	鹽糖	日糖	鹽糖	日糖	鹽糖	日糖	鹽糖	日糖	鹽糖	日糖	鹽糖	日糖	鹽糖	日糖	鹽糖
1927年	27,740.40	10,826.20	4,775.00	1,617.60	0.00	152.40	274.10	1,245.60	3,853.00	2,609.20	9,649.20	6,729.50	30,568.90	25,307.30	76,860.60	48,577.50	90,791.92	71,399.75
1928年	23,317.70	8,988.50	5,316.10	1,451.50	0.00	319.70	384.60	1,218.90	4,103.90	3,817.80	9,679.10	6,134.40	35,796.80	45,687.10	77,498.20	67,557.90	101,447.75	92,359.64
1929年	19,876.20	3,470.30	3,191.70	1,408.20	0.00	439.80	350.80	786.20	4,706.50	3,212.60	6,668.40	5,904.80	37,936.80	21,278.60	72,730.40	36,560.50	99,149.79	52,352.95
1930年	19,265.50	3,258.50	2,054.60	624.20	0.00	705.00	327.50	1,242.90	3,870.40	2,486.50	5,072.60	4,390.10	35,573.90	24,420.80	66,165.50	37,128.00	85,400.37	45,451.75

資料來源：1927～1930 年《總督府鐵道部年報·統計表》所製。

附錄三　1931～1941 年營業線鐵道貨運總整理　　　單位：噸／圓

	米		其他		雜品		總數		收入	
	日糖	鹽糖	日糖	鹽糖	日糖	鹽糖	日糖	鹽糖	日糖	鹽糖
1931 年	28,678.60	6,161.40	14,548.30	14,475.70	23,482.70	9,900.60	66,709.60	30,537.70	80,484.22	32,876.13
1932 年	32,629.10	13,069.80	14,550.70	16,474.80	36,704.10	17,608.10	83,883.90	47,152.70	92,142.74	48,316.61
1933 年	30,851.70	9,031.10	19,382.60	7,284.50	20,608.10	13,257.50	70,842.40	29,573.10	80,343.81	15,563.70
1934 年	37,049.90	11,572.90	50,885.70	14,637.90	11,938.70	16,037.10	99,874.30	42,247.90	106,490.28	47,580.50
1935 年	18,319.20	9,843.60	52,638.20	22,371.90	20,025.30	18,485.50	82,507.10	50,701.00	80,393.99	44,923.77
1936 年	28,719.80	11,920.60	39,761.40	16,202.90	22,680.70	20,137.00	91,161.90	48,260.50	75,481.92	45,646.00
1937 年	27,800.50	10,911.30	60,674.20	12,727.60	23,345.10	19,709.00	94,930.60	43,347.90	96,840.26	46,399.95
1938 年	33,262.80	14,005.60	104,706.10	18,883.40	31,330.60	25,275.80	150,042.60	58,164.50	117,599.45	53,813.84
1939 年	41,948.30	12,174.10	61,567.10	20,908.30	44,650.60	21,895.10	148,166.00	54,977.50	127,209.90	50,456.75
1940 年	—	—	—	—	—	—	—	—	—	—
1941 年	24,246.10	14,658.20	—	—	37,576.30	30,318.70	93,020.30	94,768.80	140,539.00	74,179.00

資料來源：依 1931～1937 年《總督府鐵道部年報・統計表》、臺灣總督府交通局鐵道
　　　　　部，《臺灣總督府交通局鐵道部昭和十三年度・統計表》（1939）、臺灣總
　　　　　督府交通局鐵道部，《臺灣總督府交通局鐵道部昭和十四年度年報・統計
　　　　　表》（1940）、臺灣總督府交通局鐵道部，《臺灣總督府交通局鐵道部昭和
　　　　　十六年度・統計表》（1942）所製。
說明：—代表資料未紀錄。

附錄四　1910～1920 年日糖及林糖營業線客運經營概況　單位：人／圓

	載客人數		客運收入	
	日糖	林糖	日糖	林糖
1910 年	22,728	11,967	3,441.07	2,176.50
1911 年	55,894	53,757	11,039.16	8,244.68
1912 年	92,131	50,294	21,495.67	7,689.68
1913 年	109,137	72,198	27,649.43	13,459.97
1914 年	117,057	70,257	32,013.65	13,772.09
1915 年	134,527	80,464	27,268.36	14,796.11
1916 年	150,718	85,604	33,764.64	16,335.25
1917 年	215,937	104,579	46,409.67	22,460.35
1918 年	265,450	123,500	55,555.44	27,203.89
1919 年	354,706	167,129	72,813.55	37,951.48
1920 年	371,059	160,009	90,001.27	40,472.12

資料來源：依據 1910～1920 年《臺灣總督府鐵道部年報・統計表》。

附錄五　大和（明糖）鹿港、員林、二林線與林糖二林田中線
　　　　客運營運狀況

單位：人／圓

	鹿港、員林、二林線		二林田中線	
	載客人數	客運收入	載客人數	客運收入
1919 年	155,764	29,236.66	167,129	37,951.48
1920 年	148,340	33,398.39	160,009	40,472.12
1921 年	152,837	39,169.86	126,442	32,540.94
1922 年	118,529	26,925.44	121,304	30,817.51
1923 年	97,011	20,050.36	115,382	30,000.56

資料來源：依據 1919～1923 年《臺灣總督府鐵道部年報·統計表》。

附錄六　1930～1938 年虎尾製糖場砂利事業營運表

單位：噸

年代	砂利
1930 年	─
1931 年	7,375
1932 年	14,206
1933 年	7,364
1934 年	63,630
1935 年	26,428
1936 年	28,180
1937 年	15,733
1938 年	79,035

資料來源：1931～1937 年《臺灣總督府鐵道部年報·統計表》、臺灣總督府交通局鐵
　　　　　道部，《臺灣總督府交通局鐵道部昭和十三年度·統計表》（1939）。

附錄七　1924～1936年林（鹽）糖與日糖客運狀況比較 單位：人／圓

	二林——田中線		西螺、斗南、北港線	
	載客人數	客運收入	載客人數	客運收入
1924 年	131,888	33,492.16	227,050	65,537.30
1925 年	174,404	47,040.59	306,319	86,799.89
1926 年	174,404	47,040.59	306,319	86,799.89
1927 年	173,025	45,532.73	374,032	110,034.73
1928 年	130,607	34,043.35	378,742	110,481.04
1929 年	112,285	27,285.74	294,055	79,536.08
1930 年	92,202	21,531.30	216,951	56,067.43
1931 年	138,188	25,100.76	190,303	47,083.59
1932 年	158,728	25,030.30	153,224	33,622.33
1933 年	188,038	28,332.15	123,354	26,197.70
1934 年	217,636	30,599.08	105,521	21,346.38
1935 年	267,096	36,022.22	125,287	25,165.14
1936 年	297,053	38,755.01	102,307	25,453.48

說明：1925、1926 年因資料重複，推測 1926 年資料有誤。
資料來源：1924 年～1936 年《臺灣總督府鐵道部年報‧統計表》。

附錄八　1937～1941年鹽糖與日糖客運狀況比較　　單位：人／圓

年代	二林——田中線		西螺、斗南、北港線	
	載客人數	客運收入	載客人數	客運收入
1937 年	318,000	39,063.64	111,199	22,043.23
1938 年	336,993	41,836.37	132,014	23,708.00
1939 年	313,974	39,145.02	164,665	27,878.54
1940 年	—	—	—	—
1941 年	410,396	61,333.00	397,791	66,662.00

說明：—代表資料未紀錄。
資料來源：1937 年《臺灣總督府鐵道部年報‧統計表》、臺灣總督府交通局鐵道部，《臺灣總督府交通局鐵道部昭和十三年度‧統計表》（1939）、臺灣總督府交通局鐵道部，《臺灣總督府交通局鐵道部昭和十四年度年報‧統計表》（1940）、臺灣總督府交通局鐵道部，《臺灣總督府交通局鐵道部昭和十六年度‧統計表》（1942）。

附錄九　濁水溪南北岸各製糖會社專用線經營概況

日糖鐵道專用線						
	完工時間	完工里程	行駛路徑	範圍	農場	備註
油車仔線（竹圍子線）	1911 年	14.66 公里	五間厝、大庄、惠來厝、三塊厝、大埔尾（今莿桐鄉大美）、油車子、竹圍子	溪洲堡、他里霧堡、大坵田堡	竹圍子農場	日糖第一條專用線，1907 年鋪設達 6.24 哩，至大埔尾一帶，1911 年完工至 9.11 哩。
崙背線	1913 年	18.89 公里	田尾、渞仔、崙背、興化厝	西螺堡、布嶼堡、海豐堡		1927 年經營營業線。
大庄線	1916 年	8.05 公里	田寮、荷苞嶼、洲子	西螺堡、布嶼堡		日糖最北專用線。
樹仔腳線 *	1917 年	13.52 公里	田尾、吳厝、甘厝、莿桐、樹仔腳、麻園	西螺堡、溪洲堡		1913 年增設樹仔腳支線，往北進入樹仔腳市區。
貓兒干線	1922 年	14.48 公里	五塊厝、貓兒干、施厝寮、三姓	崙背庄		1927 年經營營業線。1934 年延長至三姓。
舊庄線	1931 年	1.5 公里	五塊厝、舊庄	崙背庄	貓兒干農場	
莿桐線	1932 年	6 公里	莿桐、樹仔腳、麻園、湖仔內	莿桐庄		1935 年延長至湖仔內。
大有線	1932 年	4.8 公里	大有、阿勸	崙背庄、土庫庄	大有、阿勸農場	連結新虎尾溪南岸的龍岩製糖場。
砂利線	1934 年	0.8 公里	麻園	莿桐庄		運輸以砂石為主。
烏塗子線	1944～1945 年	4.9 公里	竹圍子、烏麻村	莿桐庄、林內庄		油車仔線分支

林糖鐵道專用線						
	完工時間	完工里程	行駛路徑	範圍	農場	備註
潮洋厝線（下霸線）	1911 年	5.47 公里	溪州、圳寮、柑子園	東螺西堡	圳寮農場	
大城厝線	1911 年	10.3 公里	外蘆竹塘、瓦窯子、大城厝	深耕堡		1931 年又再度延長至公館
九塊厝線 *	1912 年	12.5 公里	溝頭、瓦窯子、內新厝	深耕堡	九塊厝農場	1929 年鹽糖興築路口厝至尤厝段（田頭線）
三條圳線	1916 年	2.9 公里	三條圳	東螺西堡		潮洋厝線（下霸線）支線
海豐崙線	1918 年	10.2 公里	北勢寮、田尾庄、海豐崙	東螺西堡、東螺東堡		1937 年延長至舊館
二林農場線	1920 年	4.8 公里	二林、山寮	二林庄	二林農場	1929 年鹽糖延長至山寮一帶
路上厝線	1923 年	4.8 公里	番子田、路上厝	二林庄	中西農場	
溪州北斗聯絡	1923 年	2.4 公里	北斗	北斗街		北斗外環線
鹽糖鐵道專用線						
	完工時間	完工里程	行駛路徑	範圍	農場	備註
火燒厝線	1927 年	1.9 公里	火燒厝	二林庄		
二水線	1932 年	7.4 公里	北斗街、中圳、二水	北斗街、二水庄		減少田中至北斗之間的經營成本，連結與國有鐵道之間的交通線
瓦厝線	1932 年	1.9 公里	瓦厝、新庄子	溪州庄		
下水線	1933 年	3.6 公里	下水埔	溪州庄		二水線支線
中圳線	1933 年	2.7 公里	田尾、中圳	北斗街		
尤厝線	1935 年	0.9 公里		大城庄	尤厝農場	大城厝線支線

溝子垱線*	1935 年	0.8 公里	頂山腳、下溝垱	大城庄		大城厝線支線
下山腳線*	1935 年	0.9 公里	大城、下山腳	大城庄		大城厝線支線
水尾線*	1937 年	2.5 公里	溪垱厝水尾	埤頭庄	水尾農場	二林線支線

辜顯榮改良糖廍鐵道專用線						
	完工時間	完工里程	行駛路徑	範圍	農場	備註
連交厝線	1918	2.57 公里	周厝崙、埤頭、連交厝	埤頭庄		

明糖鐵道專用線						
	完工時間	完工里程	行駛路徑	範圍	農場	備註
大排洲線（大排沙線）	1918 年	4.0 公里	溪湖、西勢厝、小埔心、大排沙	溪湖庄、二林庄、埤頭庄	大排沙農場	原二林線，1924 年復駛
牛稠子線（原連交厝線）	1918 年	9.2 公里	周厝崙、埤頭、連交厝	埤頭庄		
王功線	1924 年	24.7 公里	萬合、舊趙甲、後寮	二林庄、沙山庄	舊趙甲農場、後寮農場	
萬興線	1930 年	13.3 公里	塗子崙、大崙腳	二林庄、沙山庄	萬興農場	
漢寶線	1935 年	8.8 公里	萬興、漢寶園	二林庄、沙山庄		
萬合線	1937 年	5.1 公里	大排沙、萬興	二林庄、沙山庄		

源成農場鐵道專用線						
	完工時間	完工里程	行駛路徑	範圍	農場	備註
二林線	1932 年	6.5 公里	礪礁、山寮	竹塘庄、二林庄	源成農場	
丈八斗線	1933 年	6.7 公里	礪礁、犁頭厝	竹塘庄、二林庄	源成農場	
大湖厝線	1935 年	4.8 公里	礪礁、五庄子	竹塘庄、二林庄	源成農場	

| 大灣線 | 1937 年 | 3.6 公里 | 礀磠、樹子腳 | 竹塘庄、二林庄 | 源成農場 | |

資料來源：依 1910～1941 年《總督府鐵道部年報・統計表》所製。
說明：＊代表 1943 年後，遭拆除的專用線。

附錄十 1910～1941 年日、林（鹽）客貨運收入比

	日糖					林(鹽)糖				
	客運	客運比	貨運	貨運比	總收入	客運	客運比	貨運	貨運比	總收入
1910年	3,441.07	20%	13,966.65	80%	17,445.41	2,176.50	71%	905.56	29%	3,082.14
1911年	11,039.16	68%	5,118.73	32%	16,158.69	8,244.68	59%	5,275.34	38%	13,920.02
1912年	21,495.67	73%	7,829.70	27%	29,437.91	7,689.68	52%	7,174.84	48%	14,864.52
1913年	27,649.43	66%	12,792.58	31%	41,612.73	13,459.97	45%	16,343.75	55%	29,803.72
1914年	32,013.65	69%	12,531.43	27%	46,557.09	13,772.09	60%	9,189.88	40%	22,974.65
1915年	27,268.36	64%	14,004.71	33%	42,518.34	14,796.11	49%	15,418.59	51%	30,214.70
1916年	33,764.64	64%	18,145.81	34%	52,998.27	16,335.25	46%	19,081.35	54%	35,416.60
1917年	46,409.67	67%	21,829.57	31%	69,667.80	22,460.35	49%	23,407.65	51%	45,868.00
1918年	55,555.44	66%	26,370.88	31%	84,637.61	27,203.89	48%	29,741.24	52%	56,945.13
1919年	72,813.55	69%	31,019.77	29%	105,799.20	37,951.48	53%	33,897.60	47%	71,849.08
1920年	90,001.27	71%	32,759.43	26%	126,698.63	40,472.12	60%	25,123.91	37%	67,846.03
1921年	79,673.49	72%	27,758.16	25%	109,928.69	32,540.94	58%	23,560.28	42%	56,101.22
1922年	62,507.17	66%	30,793.99	32%	94,882.21	30,817.51	51%	23,235.75	38%	60,386.99
1923年	52,118.69	56%	38,055.58	41%	93,237.04	30,090.56	46%	28,158.97	43%	65,519.38
1924年	65,537.30	56%	47,228.70	41%	116,206.86	33,492.16	43%	35,285.96	45%	78,117.68
1925年	86,799.89	53%	70,444.90	43%	162,543.15	47,040.59	38%	51,704.24	42%	124,379.96
1926年	86,799.89	53%	70,444.90	43%	162,543.15	47,040.59	38%	51,704.24	42%	124,379.96
1927年	########	53%	90,791.92	44%	207,170.47	45,532.73	37%	71,399.75	58%	123,572.41
1928年	########	52%	101,447.75	47%	214,259.27	34,043.35	26%	92,359.64	69%	133,304.56
1929年	79,536.08	44%	99,149.79	54%	181,930.79	27,285.74	31%	52,352.95	59%	88,737.53
1930年	56,067.43	38%	85,400.37	58%	148,318.32	21,531.30	23%	45,451.75	49%	92,140.03
1931年	47,083.59	36%	80,484.22	61%	131,965.49	25,100.76	40%	32,876.13	53%	62,193.35
1932年	33,622.33	27%	92,142.74	73%	126,576.90	25,030.30	33%	48,316.61	63%	76,765.45
1933年	26,197.70	24%	80,343.81	75%	107,765.20	10,315.76	38%	15,563.70	58%	27,020.71
1934年	21,346.38	17%	106,490.28	83%	128,253.24	30,599.08	39%	47,580.50	61%	78,179.58
1935年	25,165.14	24%	80,393.99	75%	107,017.84	36,022.22	45%	44,923.77	55%	80,945.47
1936年	25,453.48	25%	75,481.92	74%	101,745.15	38,755.01	46%	45,646.00	54%	84,401.01
1937年	22,043.23	18%	96,840.26	81%	119,727.98	39,063.64	46%	46,399.95	54%	85,463.59
1938年	23,708.00	17%	117,599.45	83%	142,290.28	41,836.37	44%	53,813.84	56%	95,771.20
1939年	27,878.54	18%	127,209.90	82%	156,029.07	39,145.02	43%	50,456.75	56%	90,636.10
1940年	—		—			—		—		
1941年	66,662.00	32%	140,539.00	68%	208,155.00	61,333.00	45%	74,179.00	54%	136,806.00

說明：1925、1926 年因資料重複，推測 1926 年資料有誤；—代表資料未紀錄。
資料來源：1937 年《臺灣總督府鐵道部年報・統計表》、臺灣總督府交通局鐵道部，《臺灣總督府交通局鐵道部昭和十三年度・統計表》（1939）、臺灣總督府交通局鐵道部，《臺灣總督府交通局鐵道部昭和十四年度年報・統計表》（1940）、臺灣總督府交通局鐵道部，《臺灣總督府交通局鐵道部昭和十六年度・統計表》（1942）。

附錄十一　日治時期日糖、林（鹽）糖、明糖專用線貨運總整理

	甘蔗(噸)			砂糖(噸)			其他(噸)			社用收入(噸)			種植面積(甲)		
	日糖	林(鹽)糖	明糖	日糖	林(鹽)糖	明糖	日糖	林(鹽)糖	明糖	日糖	林(鹽)糖	明糖	日糖	林(鹽)糖	明糖
1910年	165,911.70	—	—	15,631.70	—	—	32,855.50	0.00	—	—	—	—	8,486	1,794	—
1911年	190,416.10	13,571.00	—	17,400.20	5,435.00	—	42,693.40	9,666.50	—	—	—	—	6,994	1,983	—
1912年	157,691.00	43,792.00	—	14,483.10	4,939.80	—	53,196.10	11,074.20	—	—	—	—	5,983	1,834	—
1913年	90,954.00	19,970.00	—	6,198.00	1,584.50	—	55,650.10	9,232.40	—	—	—	—	5,948	1,480	—
1914年	129,627.30	29,449.00	—	14,302.90	4,172.20	—	41,593.20	8,817.50	—	—	—	—	8,589	2,211	—
1915年	264,772.50	91,281.00	—	25,706.60	8,489.20	—	127,754.20	18,355.80	—	—	—	—	11,667	3,347	—
1916年	371,040.60	96,740.00	—	35,230.10	12,810.20	—	49,218.30	33,787.40	—	—	—	—	12,642	4,289	—
1917年	435,780.00	200,526.00	—	39,173.00	15,589.00	—	50,816.00	30,653.00	—	—	—	—	11,323	3,771	—
1918年	219,697.00	98,530.00	—	20,936.00	9,936.00	—	57,115.00	28,217.00	—	—	—	—	8,295	3,115	—
1919年	220,582.00	91,743.00	—	19,610.00	8,716.00	—	40,401.00	29,556.00	—	—	—	—	7,000	4,028	—
1920年	220,262.00	116,837.00	—	14,587.00	5,550.00	950.00	37,803.00	24,121.00	37,331.00	43,666.07	60,882.31	20,465.40	9,021	3,775	1,988
1921年	387,615.00	164,677.00	58,535.00	28,661.00	9,498.00	18,585.00	52,963.00	17,732.00	37,177.00	105,275.05	75,269.60	41,143.24	12,805	4,147	1,783
1922年	528,239.50	241,686.00	88,205.00	37,375.60	14,184.00	6,355.00	57,218.10	16,717.00	12,819.30	148,701.61	89,255.56	45,027.29	11,032	3,217	2,583
1923年	560,954.40	203,405.00	102,884.50	39,742.40	14,298.00	8,190.00	58,242.00	23,204.00	18,036.40	146,787.57	112,147.40	28,588.03	12,476	3,368	2,972
1924年	686,202.00	320,227.00	132,890.00	50,609.50	17,502.00	12,865.00	61,378.20	29,873.00	32,484.80	214,126.90	73,056.60	32,311.60	14,209	2,799	2,052
1925年	724,412.90	280,029.00	207,803.00	50,695.60	14,733.00	15,295.00	94,189.70	23,728.00	33,776.90	257,955.70	66,200.80	36,911.77	11,906	3,223	2,859
1926年	724,412.90	280,029.00	207,803.00	50,695.60	14,733.00	15,295.00	94,189.70	23,728.00	33,776.90	257,955.70	66,200.80	36,911.77	9,459	1,857	2,832
1927年	456,966.50	190,980.00	214,235.00	42,695.50	11,265.00	17,025.00	72,545.90	25,216.00	43,436.90	255,598.92	49,206.40	44,180.72	10,102	2,079	2,088
1928年	724,771.50	177,380.80	247,435.00	60,569.70	14,720.00	19,985.10	112,197.40	22,302.20	55,198.10	458,783.79	37,555.61	53,984.92	11,621	3,877	2,772
1929年	1,182,420.20	597,525.00	242,400.00	76,463.30	38,005.00	21,505.00	108,601.70	39,382.00	68,725.80	400,166.15	128,285.40	61,947.82	11,440	3,987	3,117
1930年	1,108,536.50	358,720.00	244,611.00	75,855.00	26,965.00	29,765.00	134,660.90	29,862.00	117,581.90	347,501.85	72,866.00	65,626.60	10,553	3,974	3,285
1931年	1,096,518.00	330,595.00	289,935.00	76,195.30	31,612.00	33,001.00	72,261.00	33,191.00	74,624.40	146,015.79	70,101.30	61,687.50	10,796	4,353	3,849
1932年	1,147,062.70	398,975.00	243,090.00	84,066.00	31,740.00	24,842.90	98,394.10	29,584.00	40,555.70	57,077.02	72,963.30	54,463.35	9,788	2,652	1,981
1933年	826,898.00	217,325.00	131,640.00	57,532.70	20,272.00	19,172.60	96,734.50	23,947.00	89,585.90	71,261.87	64,057.10	36,858.82	10,298	3,291	2,104
1934年	965,230.80	341,851.00	217,751.00	74,906.90	27,694.00	27,758.00	116,793.60	27,179.00	95,949.00	72,027.49	58,612.20	42,484.63	13,564	4,783	4,677
1935年	1,364,307.00	549,315.00	298,515.00	102,046.90	37,775.00	41,194.00	256,537.70	31,500.00	160,608.60	95,687.80	76,043.72	90,105.07	14,451	4,764	4,612
1936年	1,392,204.80	422,767.00	272,440.00	114,952.20	29,813.00	34,814.00	428,942.60	51,195.00	89,941.30	145,066.56	78,267.26	58,810.83	9,745	4,461	4,131
1937年	1,281,346.60	449,140.00	304,368.00	126,957.10	34,480.00	42,261.00	335,320.80	78,842.00	149,956.10	82,331.08	77,547.86	76,256.86	9,850	4,967	4,518
1938年	1,428,029.50	744,845.00	430,526.00	109,510.80	60,393.00	46,947.00	343,492.60	147,310.00	130,509.70	40,703.36	136,623.44	93,664.79	10,938	6,124	6,480
1939年	1,396,258.30	744,628.00	578,394.00	136,966.00	53,287.00	60,710.00	171,829.60	83,195.00	144,874.00	82,651.17	129,704.24	143,066.86	10,080	6,941	7,139
1940年	—	—	—	—	—	—	—	—	—	—	—	—	10,392	6,978	6,899
1941年	885,126.00	660,640.00	367,510.00	94,479.00	44,710.00	7,079.00	234,974.40	69,503.00	104,359.50	147,609.00	224,533.00	95,555.00	—	—	—

說明：1925、1926 年因資料重複，推測 1926 年資料有誤；—代表資料未紀錄。
資料來源：依 1910～1937 年《總督府鐵道部年報・統計表》、臺灣總督府交通局鐵道
　　　　　部，《臺灣總督府交通局鐵道部昭和十三年度・統計表》（1939）、臺灣總
　　　　　督府交通局鐵道部，《臺灣總督府交通局鐵道部昭和十四年度年報・統計
　　　　　表》（1940）、臺灣總督府交通局鐵道部，《臺灣總督府交通局鐵道部昭和
　　　　　十六年度・統計表》（1942）；臺灣總督府殖產局糖務課，〈自明治四十三
　　　　　年期至大正六年期新式製糖場甘蔗作付累年對照表〉，《臺灣糖業統計》（臺
　　　　　北：同著者，1917），頁 33；臺灣總督府殖產局糖務課，大正 11 年至昭和
　　　　　3 年〈製糖場別甘蔗作付面積原料使用高及產糖高累〉，《臺灣糖業統計》；
　　　　　臺灣總督府殖產局糖務課，昭和 4 年至昭和 15 年〈新式製糖場甘蔗品種
　　　　　別植付面積〉，《臺灣糖業統計》；臺灣總督府殖產局糖務課，大正 9 年、
　　　　　大正 10 年、大正 12 年〈自作蔗園及一般蔗園作付面積收穫高竝二甲當收
　　　　　量累年對照表〉，《臺灣糖業統計》所製。

附錄十二

律令第二十號（明治四十一年十二月二十六日）公布
〈臺灣私設鐵道規則〉與本論文相關之部分條文如下：

第　一　條　鐵道ヲ敷設セムトスル者ハ臺灣總督ノ許可ヲ受クヘシ

第　二　條　運輸ヲ開始セムトスル者ハ臺灣總督ノ許可ヲ受クヘシ

第　四　條　臺灣總督ハ當該官吏ヲ派遣シテ鐵道ノ工事、設備、運輸、保線
　　　　　　又ハ車輛ニ關スル狀態ヲ監査セシメ不適當ト認ムルトキハ必要
　　　　　　ナル命令ヲ為スコトヲ得

第　五　條　鐵道及之ニ附屬スル物件ハ臺灣總督ノ許可ヲ受クルニ非サレハ
　　　　　　之ヲ讓渡シ、貸渡シ又ハ擔保ノ目的ト為スコトヲ得ス但シ個人
　　　　　　ノ專用ニ供スル鐵道ニ付テハ此ノ限ニ在テス

第　六　條　鐵道ニ關スル事故ハ臺灣總督ノ定ムル所ニ依リ遲滯ナク之ヲ屆
　　　　　　出ヘシ

事故審查上必要ト認ムルトキハ臺灣總督ハ現狀ノ存置ヲ命スルコトヲ得

第十三條　個人ノ專用ニ供スル鐵道ニシテ瓦斯力、蒸汽力又ハ電氣カヲ使
　　　　　　用セ　サルモノニハ本令ヲ適用セス

第十四條　一般交通運輸ノ用ニ供スル為公共道路上ニ敷設スル軌道ニ付テ
　　　　　　ハ本令ヲ準用ス
　　　　　　前項ノ軌道敷設ノ為道路ヲ更正シ又ハ擴築シタルトキハ其ノ更
　　　　　　正又ハ擴築ニ係ル部分ノ敷地ハ之ヲ道路敷ニ編入ス

本令ハ公布ノ日ヨリ之ヲ施行ス

府令第七十四號（明治四十一年十二月二十六日）公布
〈臺灣私設鐵道營業規則〉與本論文相關之部分條文如下：

第 四 條　左ノ場合ニ於テハ貨物ノ運送ヲ拒絕スルコトヲ得ス
　　　　　一　荷送人カ鐵道運送ニ關スル規定ヲ遵守スルトキ
　　　　　二　貨物カ線路ノ狀態ニ依リ運送ニ適スルトキ
　　　　　三　天災事變其ノ他已ムヲ得サル事由ニ因ル運送上ノ支障ナキ
　　　　　　　トキ
　　　　　前項ノ規定ハ旅客運送ニ之ヲ準用ス
第 五 條　公務ヲ以テ往復スル陸海軍軍人、軍屬又ハ軍馬、銃砲、彈藥、
　　　　　糧食、被服、陣具、工鍬、兵器類、天幕等ニシテ公用タルコト
　　　　　ヲ證スル通券アスモノハ半額ヲ以テ運送スヘシ
第 七 條　營業者ハ法令ノ定ムル所ニ依リ平時、戰時ニ於テ鐵道ヲ軍用ニ
　　　　　供スル義務ヲ負フ
第 十 條　運賃ノ增加及運送條件ノ變更ハ鐵道部長ノ認可ヲ受ケタル後關
　　　　　係停車場ニ七日以上公告シタル後ニ非サレハ實施スルコトヲ得
　　　　　ス
第十二條　旅客ハ改札前旅行ヲ止メタルトキハ運賃ノ拂戾ヲ請求スルコト
　　　　　ヲ得天災事變ノ他已ムヲ得サル事由ニ因リ運送ヲ中止シタルト
　　　　　キハ旅客及荷送人ハ契約ノ解除ヲ為スコトヲ得此ノ場合ニ於テ
　　　　　ハ既ニ為シタル運送ノ割合ニ應シ運賃其ノ他ノ費用ヲ請求スル
　　　　　コトヲ得

本令ハ明治四十二年一月十日ヨリ之ヲ施行ス

附錄十三　1970～1979年溪湖糖廠及虎尾糖廠鐵道客運營收情況

	溪湖糖廠				虎尾糖廠			
	對外（人）	對內（人）	雜收	營收（元）	對外（人）	對內（人）	雜收	營收（元）
1970 年	336,916	696,358	0	1,033,274	340,359	804,047	0	1,144,406
1971 年	176,539	628,625	0	805,161	252,090	659,826	0	911,916
1972 年	—	—	—	798,845	—	—	—	597,108
1973 年	—	—	—	300,810	—	—	—	341,144
1974 年	—	—	—	128,723	—	—	—	147,601
1975 年	—	—	—	60,598	—	—	—	96,283
1976 年	—	—	—	0	—	—	—	78,086
1977 年	—	—	—	0	12,413	112,634	0	125,047
1978 年	—	—	—	0	5,023	47,164	0	52,187
1979 年	—	—	—	0	—	—	—	0

資料來源：1970～1980 年〈鐵道收入表〉,《運輸業務資料》所製,王翔提供。
說明：—代表資料未紀錄。

附錄十四　1971～1980年溪湖糖廠及虎尾糖廠鐵道南北線運輸產副品運量表

單位：噸

	砂糖		肥料		蔗渣		飼料		其他		煤炭		合計噸數	
	溪湖糖廠	虎尾糖廠	溪湖糖廠	虎尾糖廠	溪湖糖廠	虎尾糖廠	溪湖糖廠	虎尾糖廠	溪湖糖廠	虎尾糖廠	溪湖糖廠	虎尾糖廠	溪湖糖廠	虎尾糖廠
1971年	800	1,870	1,210	1,210	0	0	7,005	9,340	3,605	1,195	—	—	12,620	13,895
1972年	710	4,390	1,240	2,425	0	750	11,090	11,244	3,985	4,430	—	—	17,025	23,238
1973年	830	4,037	1,075	1,349	0	4,085	10,186	7,245	1,860	75,560	5,990	8,080	19,941	100,355
1974年	5,395	2,264	806	2,476	0	1,925	7,420	8,665	2,277	1,520	3,785	6,300	19,682	23,150
1975年	630	2,410	519	550	4,030	22,960	8,810	7,940	1,825	4,046	—	—	15,814	37,906
1976年	210	0	880	670	1,710	8,900	6,505	2,030	12,187	4,355	—	—	21,492	15,955
1977年	200	0	534	440	0	895	0	0	490	4,627	—	—	1,224	5,962
1978年	0	220	360	0	0	900	0	0	435	27,053	—	—	795	28,153
1979年	0	2,230	0	0	0	0	0	0	2,100	89,799	0	0	2,100	92,029
1980年	0	0	0	0	0	0	0	0	0	27,191	0	0	0	27,191

資料來源：1970～1980年〈鐵道南北線運輸產副品運量表〉，《運輸業務資料》所製，
　　　　　王翔提供。

說明：—代表資料未紀錄。

附錄十五　1970～1990 年溪湖糖廠及虎尾糖廠鐵道公路原料運輸比較表

單位：噸

| | 鐵道 | | | | 公路 | | | | 合計部分 | |
	溪湖糖廠	%	虎尾糖廠	%	溪湖糖廠	%	虎尾糖廠	%	溪湖糖廠	虎尾糖廠
1970年	384,836	—	418,052	—	—	—	—	—	—	—
1971年	357,991	95%	391,405	98%	19,334	5%	7,673	2%	377,325	399,078
1972年	373,653	—	401,526	—	—	—	—	—	—	—
1973年	—		—		—		—		—	—
1974年	377,220	81%	334,145	87%	85,880	19%	50,737	13%	463,100	384,882
1975年	424,682	87%	301,932	82%	64,388	13%	64,124	18%	489,089	366,055
1976年	520,123	87%	498,622	84%	75,029	13%	92,929	16%	595,152	591,552
1977年	290,268	74%	296,086	75%	—	26%	—	25%	—	—
1978年	337,094	69%	329,067	77%	—	31%	—	23%	—	—
1979年	325,047	68%	291,388	73%	—	32%	—	27%	—	—
1980年	322,226	70%	341,824	80%	—	30%	—	20%	—	—
1981年	317,876	73%	310,028	74%	—	27%	—	26%	—	—
1982年	301,112	79%	259,657	82%	78,559	21%	58,498	18%	379,672	318,155
1983年	267,716	81%	242,805	87%	61,900	19%	37,765	13%	329,616	280,570
1984年	323,580	78%	273,861	89%	91,117	22%	33,427	11%	414,697	307,288
1985年	231,930	74%	319,767	87%	80,992	26%	48,545	13%	312,922	368,311
1986年	187,588	86%	238,463	87%	30,098	14%	34,723	13%	217,686	273,186
1987年	260,218	78%	360,720	86%	73,653	22%	56,314	14%	333,872	417,035
1988年	265,081	78%	421,816	87%	76,958	22%	64,575	13%	342,039	486,391
1989年	233,181	72%	371,312	88%	92,553	28%	52,336	12%	325,734	423,647
1990年	222,435	73%	322,327	89%	81,012	27%	38,225	11%	303,447	360,552

資料來源：1970～1990 年〈原料運量表〉，《運輸業務資料》所製，王翔提供。

說明：—代表資料未紀錄，1977～1981 年公路甘蔗運輸%數為鐵道甘蔗運輸%計算得出。

參考書目

（一）史料

1. 《中國時報》
2. 《中華日報》
3. 《民報》
4. 《商工日報》
5. 《雲林縣議會錄》
6. 《經濟日報》
7. 《運務業務資料》
8. 《彰化縣議事錄》
9. 《臺中州報》
10. 《臺北廳報》
11. 《臺南州報》
12. 《臺糖通訊》
13. 《臺灣日日新報》
14. 《臺灣民聲日報》
15. 《臺灣省政府公報》
16. 《臺灣統計彙報》
17. 《臺灣新民報》
18. 《臺灣糖業統計》
19. 《臺灣總督府公文類纂》
20. 《臺灣總督府府（官）報》
21. 《臺灣總督府鐵道部年報》
22. 《臺灣糧食統計要覽》
23. 《臺灣鐵道旅行案內》
24. 《蔗報》
25. 《聯合報》
26. 《明治製糖株式會社第五十三回營業報告書（昭和 11 年前半期）》。
27. 《林本源製糖株式會社第九回營業報告書》（1922 年）。

28. 臺灣總督府殖產局，1943 年，《臺灣農業年報 昭和十七年版》，臺北：同著者。

29. 張素玢，1995 年，〈東螺溪畔移民村〉，《彰化縣口述歷史（一）》，彰化：彰化縣立文化中心。

30. 小川嘉一，1934 年，〈滿鮮臺連帶運輸に就いて〉，《臺灣鐵道》，第 265 號。

31. 山田京三郎，1928 年，《臺灣海陸交通運輸便覽》，臺中：海陸運新聞社臺灣支局。

32. 水井清次，1937 年，《大日本製糖株式會社 臺灣支社概況》，雲林：大日本製糖株式會社。

33. 平識善雄，1941 年，《臺湾二於ケル某製糖會社ノ農場經營二関スル調查》，臺北：臺北帝國大學農林專門部卒業報告。

34. 田村安一，1931 年，〈自動車運輸の發達と鐵道運輸〉，《臺灣鐵道》，第 224 號。

35. 石井禎二，1933 年，〈私設鐵道營業線めぐり（九）〉，《臺灣鐵道》第 257 號。

36. 伊藤重郎，1939 年，《臺灣製糖株式會社史》，東京：臺灣製糖株式會社東京出張所。

37. 江夏英藏，1930 年，《臺灣米研究》，臺北：臺灣米研究會。

38. 竹本伊一郎，1931 年，《臺灣株式年鑑（昭和 6 年版)》，臺北：臺灣經濟研究會。

39. 羽生南峰，1936 年，〈臺灣觀光事業の促進を望む〉，《交通時代》第 7 卷，第 6 號。

40. 羽生國彥，1937 年，《臺灣の交通を語る》，臺北：臺灣新民報社。
1941 年，《臺灣小運送業發達史》，臺北：臺灣交通協會。

41. 西原雄次郎，1934 年，《日糖最近二十五年史》，東京：大日本製糖株式會社。
1939 年，《藤山雷太傳》，東京：千倉書房。

42. 佐藤吉治郎，1926 年，《臺灣糖業全誌·會社篇》，臺中：株式會社臺灣新聞社。

43. 作者不詳，1917 年，《臺灣治水計畫說明書》，東京：出版項不詳。

44. 杉野嘉助，1927 年，《臺灣糖業年鑑·昭和三年版》，臺北：臺灣通信社。

45. 周鍾瑄主修，1962 年，《諸羅縣志》（1717），收於臺灣銀行經濟研究所，臺灣文獻叢刊第 141 種，臺北：臺灣銀行經濟研究所。

46. 周璽主修，1962 年，《彰化縣志》（1836），收於臺灣銀行經濟研究所，

臺灣文獻叢刊第 156 種，臺北：臺灣銀行經濟研究所。

47. 服部重一，1938 年，《北斗郡概況（昭和 13 年版）》，不詳：北斗郡役所。

48. 虎尾街役場，1933 年，《虎尾街要覽（昭和 8 年版）》，雲林：同著者。

49. 洪寶昆，1937 年，《北斗郡大觀》，臺北：北斗郡大觀刊行會。

50. 相良捨男，1919 年，《經濟上より見たる臺灣の糖業》，東京：同著者。

51. 倪贊元主修，1962 年，《雲林縣采訪冊》（1894），收於臺灣銀行經濟研究所，臺灣文獻叢刊第 37 種，臺北：臺灣銀行經濟研究所。

52. 宮川次郎，1928 年，《糖業禮讚》，臺北：臺灣糖業研究會。

53. 株式會社新聞社，1921 年，《臺灣糖業年鑑（大正八～九年）》，不詳：同著者。

54. 海陸運新聞社臺灣支局，1928 年，《臺灣海陸交通運輸便覽》，臺中：同著者。

55. 真室幸教，1912 年，《爪哇の糖業》，臺北：臺灣總督府殖產局。

56. 高橋龜吉，1937 年，《現代臺灣經濟論》，東京：千倉書房。

57. 陳國瑛主修，1962 年，《臺灣采訪冊》（1830），收於臺灣銀行經濟研究所，臺灣文獻叢刊第 55 種，臺北：臺灣銀行經濟研究所。

58. 森田明，1974 年，〈清代臺灣中部の水利開發〉，《清代水利史研究》，東京：亞紀書房。

59. 森重秋陽，1943 年，《臺灣交通小史》，臺北：臺灣交通協會。

60. 渡部慶之進，1939 年，《臺灣鐵道讀本》，東京：春秋社。

61. 黑田秀博，1939 年，《鹽水港製糖株式會社 社業概況》，不詳：鹽水港製糖株式會社。

62. 臺中州役所，1940 年，《臺中州概觀・昭和 15 年版》，臺中：臺中州役所。

63. 臺南州虎尾郡虎尾庄役場，1929 年，《虎尾庄治概要》，雲林：同著者。

64. 臺糖 60 週年慶籌備委員會編輯組，2006 年，《臺糖六十週年慶紀念專刊：臺灣糖業之演進與再生》，臺南：臺灣糖業股份有限公司。

65. 臺灣糖業有限公司編印，1996 年，《臺糖五十年》，臺北：臺灣糖業有限公司。

66. 臺灣糖業股份有限公司，1951 年，《臺糖鐵道南北平行預備線概況》，臺北：同著者。

67. 臺灣總督府，1919 年，《臺灣總督府官營移民事業報告書》，臺北：臺灣總督府移民課。
1936 年，《熱帶產業調查會會議錄》，臺北：同著者。

68. 臺灣總督府土木局，1916 年，《臺灣總督府土木事業概要》。

69. 臺灣總督府殖產局特產課，1927 年，《臺灣糖業概觀》，臺北：同著者。

70. 臺灣總督府殖產局糖務課，1914 年，《第一糖務局年報》，臺北：同著者。

71. 臺灣雜誌社，1911 年，〈臺灣の製糖會社と其現勢〉，《臺灣》，第 5 號。

72. 蔣渝等編輯，1986 年，《臺糖四十年》，臺北：臺灣糖業有限公司。

73. 蕭光宏，2016 年，《臺糖七十週年紀念專刊》，臺南：臺灣糖業股份有限公司。

74. 澀谷紀三郎，1916 年，〈亞爾加里土壤中可溶性鹽類的集積狀態に就て〉，《農業試驗報告》97。

75. 臨時臺灣糖務局，1908 年，《臺灣糖業一班》，臺南：臺南新報社。
    1908 年，《臨時臺灣糖務局第六年報》，東京：臨時臺灣糖務局。

76. 藍鼎元，1958 年，《東征集》（1723），收於臺灣銀行經濟研究所，臺灣文獻叢刊第 12 種，臺北：臺灣銀行經濟研究所。

77. 羅翁之等編輯，1976 年，《臺糖三十年發展史》，臺北：臺灣糖業有限公司。

（二）專書

1. Oscar Zanetti & Alejandro García, 1988 Sugar and Railroads: A Cuban History, 1837-1959, Chapel Hill: University of North Carolina Press.

2. Christian Wolmar, 2011 Blood, iron, and gold: how the railroads transformed the world, New York: Public Affairs.

3. 九州出版社，2007 年，《館藏民國臺灣檔案匯編》，北京：同著者。

4. 中科志編纂委員會，2008 年，《中科志‧2008 版》，臺中：行政院國家科學委員會中部科學工業園區管理局。

5. 中國工程師學會，1958 年，《臺灣工業復興史‧糖業篇》，臺北：中國工程師協會。

6. 中華民國交通部交通研究所編，1962 年，《交通年鑑（民國 39～49 年）》，臺北：同著者。
   1977 年，《交通年鑑（民國 66 年）》，臺北：同著者。
   1978 年，《交通年鑑（民國 67 年）》，臺北：同著者。

7. 仇德哉主修；鄒韓燕等纂，1983 年，《雲林縣志稿‧卷四》，臺北：成文出版社。

8. 古庭維、鄧志忠，2010 年，《臺灣舊鐵道散步地圖》，臺中：晨星出版社。

9. 矢內原忠雄著，周憲文譯，1999 年，《日本帝國主義下之臺灣》，臺北：海峽學術出版社。

10. 佐藤吉治郎，2011 年，《臺灣新式製糖工場興業史》，臺北：臺灣糖業文化經貿發展協會。

11. 吳若予，1992 年，《戰後公營事業之政經分析》，臺北：業強出版社。

12. 呂宗修計畫主持，2009 年，《彰化縣溪湖糖廠製糖工廠、五分車站調查研究暨修護計劃：五分仔與高煙囪》，彰化：彰化縣文化局。

13. 沈文台，2005 年，《糖都虎尾：一個因糖而興 因糖而盛的市街》，虎尾：大崙腳文教工作學會。

14. 沈宗翰，1963 年，《臺灣農業之發展》，臺北：臺灣商務印書館。

15. 防衛省防衛研修所戰史部，1970 年，《沖繩・臺灣・硫黃島方面陸軍航空作戰》，東京：朝雲新聞社。

16. 林玉萍，2011 年，《臺灣航空工業史——戰爭羽翼下的 1935 年～1979 年》，臺北：新銳文創出版。

17. 邱淵惠，1997 年，《臺灣牛》，臺北：遠流出版社。

18. 施添福，1987 年，《清代在臺漢人的祖籍分布和原鄉生活方式》，臺北：國立臺灣師範大學地理系。
    2002 年，《臺灣地名辭書・卷九（雲林縣)》，南投：國史館臺灣文獻館。

19. 周宗賢總纂，2002 年，《二水鄉志》，彰化：二水鄉公所。

20. 洪長源，2007 年，《二林蔗農事件：殖民地的怒吼》，彰化：彰化文化局。
    2012 年，《竹塘鄉情》，彰化：竹塘鄉公所。
    1995 年，《溪州鄉情》，彰化：溪州鄉公所。

21. 洪致文，2015 年，《不沉空母——臺灣島內飛行場百年發展史》，臺北：洪致文。
    2001 年，《珍藏世紀 臺灣鐵道——地方鐵道篇》，臺北：時報文化。

22. 洪參民、張哲郎總纂，1997 年，《北斗鎮志》，彰化：北斗鎮公所。

23. 洪慶宗，2009 年，《鐵道風情錄——田中中路里的故事》，彰化：彰化文化局。

24. 洪麗完總纂，2000 年，《二林鎮志》，彰化：二林鎮公所。

25. 張季熙，1958 年，《臺灣糖業復興史》，彰化：臺灣糖業公司。

26. 張素玢，2004 年，《歷史視野中的地方發展與變遷：濁水溪畔的二水、北斗、二林》，臺北：臺灣學生書局。
    2014 年，《濁水溪 300 年：歷史・社會・環境》，臺北：衛城出版社。
    2001 年，《臺灣的日本農業移民——以官營移民為中心》，臺北：國史館。

27. 張健豐，2010 年，《乙未割臺：憶舊路》，臺北：海峽出版社。

28. 陳正祥，1954 年，《糖業地理》，臺北：敷明臺灣地理研究所。
    1966 年，〈臺灣之水資源及其開發〉，《臺灣之水資源》，臺北：臺灣銀行經濟研究室。
    1993 年，《臺灣地誌（中冊)》，臺北：南天書局。

29. 陳秋坤，1980 年，〈臺灣土地的開發〉，《臺灣史論叢》第一輯，臺北：眾文。

30. 陳國川，2002 年，《清代雲林地區的農業墾殖與活動形式》，臺北：國立臺灣師範大學地理系。

31. 陳鴻圖，1996 年，《水利開發與清代嘉南平原的發展》，臺北：國史館。

32. 程大學纂修，2000 年，《西螺鎮志》，雲林：雲林縣西螺鎮公所。

33. 程玉鳳，2014 年，《「臺糖沈鎮南案」研究》，臺北：文津出版社。

34. 雲林縣虎尾巴文化協會編纂，2006 年，《虎尾鎮開發史》，雲林：虎尾鎮公所。

35. 雲林縣發展史編纂委員會編輯，1997 年，《雲林縣發展史》，雲林：雲林縣政府。

36. 黃仲平、黃金寶，2003 年，〈糖業鐵道田中二林線之初探〉，《彰化縣二林區地方文史專輯‧第一輯》，彰化：二林社區大學發行。

37. 黃秀政總纂，2014 年，《新修彰化縣志‧地理志》，彰化：彰化縣政府。

38. 黃紹恆，2010 年，《臺灣經濟史中的臺灣總督府》，臺北：遠流出版社。

39. 楊彥騏，2003 年，《虎尾的大代誌》，斗六：雲林縣文化局。
2004 年，《臺灣百年糖紀》，臺北：貓頭鷹出版社。

40. 溫振華，1997 年，《臺中縣蔗廍研究》，臺中：臺中縣立文化中心。

41. 臺灣省建設廳水利局編，1948 年，《臺灣省水利要覽》，臺北：臺灣省建設廳水利局。

42. 臺灣新生報社編，1947 年，《臺灣年鑑》，臺北：臺灣新生報社。

43. 臺灣銀行金融研究室編，1949 年，《臺灣之糖》，臺北：臺灣銀行金融研究室。

44. 臺灣糖業公司，1979 年，《糖業手冊》，彰化：臺灣糖業公司。

45. 劉進慶著，王宏仁等譯，1995 年，《臺灣戰後經濟分析》，臺北：人間出版社。

46. 蔡龍保，2007 年，《推動時代的巨輪 日治中期的臺灣國有鐵路（1910～1936）》，臺北：臺灣書房出版有限公司。
2008 年，《殖民統治之基礎工程——日治時期臺灣道路事業之研究》，臺北：國立臺灣師範大學歷史學系。

47. 蔣敏全總纂，2012 年，《溪湖鎮志》，彰化：溪湖鎮公所。

48. 戴震予，2015 年，《臺灣老火車站巡禮》，新北：遠足文化出版社。

49. 謝瑞隆總纂，2014 年，《田中鎮志》，彰化：田中鎮公所。

50. 藤山雷太著，王柏鐺譯，2007 年，《萬頃蔗園薰午風——藤山雷太的《臺灣遊記》》，雲林：神農廣播雜誌社。

（三）期刊／研討會論文

1. 大林丈夫，1943 年，〈決戰臺灣糖業論〉，《臺灣時報》，頁 57～61。

2. 中村孝治，1988 年，〈台湾と「南支・南洋」〉，《日本の南方關与と台湾》，奈良：天理教道友會，頁 8～26。

3. 何鳳嬌，1996 年，〈日據時期臺灣糖業的發展〉，《國史館館刊》，復刊第 20 期，頁 71～94。

4. 李方宸，2003 年，〈臺灣私設鐵路與糖業鐵路（1910～1945）〉，《臺灣風物》53：3，頁 73～103。

5. 杜正宇、謝濟全，2010 年，〈盟軍記載的二戰臺灣機場〉，《臺灣文獻》63：3，頁 339～403。

6. 周重光，1953 年，〈當前雲林交通概述〉，《雲林文獻》2：1，頁 105～113。

7. 施振民，1973 年，〈祭祀圈與社會組織──彰化平原聚落發展模式的探討〉，《中央研究院民族所集刊》36，頁 191～208。

8. 張忠正，2015 年，〈日治時期臺灣改良糖廍之興衰〉，《德霖學報》28，頁 117～143。

9. 張素玢，2008 年，〈濁水溪邊際土地的開發與農村菁英的崛起〉，收於陳慈玉主編，《地方菁英與臺灣農民運動》，臺北：中央研究所臺灣史研究所，頁 389～424。

10. 張瑞津，1985 年，〈濁水溪沖積扇河道變遷之探討〉，《地理學研究》7：85，頁 85～100。

11. 許雪姬，2012 年，〈話說板橋林家──林本源家的歷史〉，《國史研究通訊》2，頁 10～16。

12. 野島虎治，1969 年，〈濁水溪の河川改修と砂防〉，《水利科學》12：6，頁 37～54。

13. 陳國川，2000 年，〈日治時代雲林官有原野的土地開發〉，《國立臺灣師範大學地理研究報告》33，頁 1～51。

14. 陳清文，1947 年，〈臺灣運輸業之史的研究〉，《臺灣銀行季刊》1：2，頁 63～77。

15. 曾妙慧，2005 年，〈臺灣蔗農保險之研究：1956～1986〉，《國立政治大學歷史學報》23，頁 211～249。

16. 森久男著，洪尊元譯，1980 年，〈臺灣總督府糖業保護政策之發展〉，收於黃富三、曹永和《臺灣史論叢》第一輯，臺北：眾文，頁 368～410。

17. 黃紹恆，1995 年，〈明治後期日本製糖業的雙重構造〉《國立中央圖書館臺灣分館館刊》2：1，頁 79～109。
1996 年，〈從對糖業之投資看日俄戰爭前後台灣人資本的動向〉，《臺灣

社會研究季刊》23，頁 83～146。

18. 黃儒柏，2014 年，〈雲林縣鹿場課圳修築沿革史〉，《雲林文獻》56，頁 69～84。

19. 溫振華，1996 年，〈清代臺灣漢人的企業精神〉，《臺灣史論文精選》，臺北：玉山出版社，頁 111～139。

20. 鄭螢憶，2008 年，〈科技、信仰與地方發展──日治時期私設鐵路與北港朝天宮之關係〉，《暨南史學》10/11，頁 107～146。

（四）學位論文

1. 丁淑婉，2009 年，〈日治時期臺灣邊際土地的開發與利用──以雲林地區為例〉，臺北：淡江大學歷史學系碩士論文。

2. 王怡芳，1999 年，〈日治時代虎尾市街的出現與成長〉，臺北：國立臺灣師範大學地理學研究所碩士論文。

3. 何鳳嬌，2002 年，〈戰後初期台灣土地的接收與處理（1945～1952)〉，臺北：國立政治大學史學研究所博士論文。

4. 吳子政，2007 年，〈日治時期臺灣倉儲與米出口運輸體系之探討〉，臺北：國立政治大學臺灣史研究所碩士論文。

5. 吳育臻，2003 年，〈臺灣糖業「米糖相剋」問題的空間差異(1895～1954)〉，臺北：臺灣師範大學地理學系博士論文，。

6. 吳忠緯，1997 年，〈北斗：一個臺灣市鎮的興衰變遷史〉，臺北：國立政治大學歷史研究所碩士論文。

7. 呂淑錦，1998 年，〈臺灣糖業百年發展與變遷的政治經濟分析〉，嘉義：中正大學政治學研究所碩士論文。

8. 李方宸，2001 年，〈臺灣糖業鐵路經營之研究 1946～1982〉，臺北：國立政治大學歷史所碩士論文。

9. 李依陵，2009 年，〈日治時期觀光與地方發展之研究──以臺中州為例〉，臺中：中興大學歷史學系碩士論文。

10. 林果顯，2009 年，〈一九五〇年代反攻大陸宣傳體制的形成〉，臺北：國立政治大學歷史學系博士論文。

11. 馬鉅強，2015 年，〈日治時期臺灣河川政策研究──以治水為中心〉，臺南：國立成功大學歷史學系博士論文。

12. 高乙瑄，2007 年，〈戰後虎尾糖廠與地方文化產業發展〉，臺北：國立臺北教育大學社會科教育系碩士論文。

13. 高淑媛，2003 年，〈臺灣近代產業的建立──日治時期臺灣工業與政策分析〉，臺南：國立成功大學歷史學系博士論文。

14. 張聖坤，2009 年，〈從運輸型態看南州糖廠轉型經營之研究──以 1968

年至 2007 年為例〉，屏東：國立屏東教育大學社會發展學系碩士論文。

15. 張翠宜，2004 年，〈月眉糖廠經營型態變遷對地方發展之影響〉，新竹：國立新竹師範學院社會科教育學系碩士論文。

16. 莊天賜，2011 年，〈臨時臺灣糖務局與臺灣新製糖業之發展〉，臺北：國立臺灣師範大學歷史學研究所博士論文。

17. 曾世芳，2005 年，〈臺糖五分車的建構與轉型文化產業經營之研究——以溪湖花卉文化園區觀光小火車為例〉，雲林：雲林科技大學文化資產維護系碩士論文。

18. 鄭螢憶，2010 年，〈國家、信仰與地方社會：笨港媽祖信仰的發展與變化（1694～1945）〉，南投：國立暨南國際大學歷史學系碩士論文。

19. 顧雅文，2000 年，〈八堡圳與彰化平原人文、自然環境變遷之互動歷程〉，臺北：臺灣大學歷史所碩士論文。

（五）檔案

1. 《資源委員會檔案》（臺北，中央研究院近代史研究所檔案館藏）。
2. 《資源委員會檔案》（臺北，國史館館藏）。
3. 《省級機關檔案》（南投，國史館臺灣文獻館藏）。
4. 《國營事業司檔案》（臺北，中央研究院近代史研究所檔案館藏）。
5. 《臺灣糖業股份有限公司檔案》（臺北，國家發展委員會檔案管理局藏）。
6. 《交通部臺灣鐵路管理局檔案》（臺北，國家發展委員會檔案管理局藏）。

（六）電子資料庫

1. 中央研究院地理資訊科學研究專題中心「臺灣百年歷史地圖」，網址：http://gissrv4.sinica.edu.tw/gis/twhgis/。
2. 國立臺灣圖書館「日治時期期刊全文影像系統」，網址：http://stfj.ntl.edu.tw/cgi-bin/gs32/gsweb.cgi/login?o=dwebmge。
3. 臺大「臺灣日治時期統計資料庫」，網址：http://tcsd.lib.ntu.edu.tw/。
4. 政大「臺灣總督府府官報資料庫」，網址：http://db2.lib.nccu.edu.tw/view/。
5. 漢珍「臺灣日日新報資料庫」，網址：http://0-oldnews.lib.ntnu.edu.tw.opac.lib.ntnu.edu.tw/cgi-bin2/Libo.cgi?。
6. 國家圖書館「臺灣新聞智慧網」，網址：http://0-news.infolinker.com.tw.opac.lib.ntnu.edu.tw/cgi-bin2/Libo.cgi?。
7. 國家圖書館「政府公報資訊網」，網址：http://gaz.ncl.edu.tw/。

（七）網路資料

1. 街貓的鐵道網站，網址：http://citycat.theweb.tw/。

2. 看橋工房，網址：http://blog.xuite.net/ticket0610/oldway。

（八）訪問紀錄

訪談人	擔任職務或稱呼	訪談時間	訪問地點
*陳慶堂（1935）	莿桐後埔人（地方耆老）	2015.6.20	陳慶堂家中
許乃懿	醫師，糖業鐵道文史工作者	2015.12.26	雲林科技大學文化資產研究所研究室
黃仲平	二水國中校長，鐵道文史工作者	2015.12.5	彰化基督教醫院二林分院外 85 度 C
*張濱發（1969）	現任溪湖加油站站長，曾任臺糖溪湖糖廠運輸課課長（1988～2002）	2015.12.25	溪湖糖廠加油站
洪長源	任職於竹塘鄉公所，二林文史專輯編纂	2015.11.18	竹塘鄉公所
陳振聰（1955）	烏塗子地區蔗農（虎尾烏塗子區原料委員莊丘弟媳姊夫）	2015.12.2	莊丘家中
黃嘉益（1936）	大埤糖業鐵道文物館館長，曾任虎尾糖廠政風課長	2016.2.2	大埤糖業鐵道文物館
*施金爻（1922）	員林市耆老	2015.12.6	施金爻家中
*廖世恭（1959）	二崙鄉湳仔村村長	2016.2.1	二崙鄉湳仔村社區活動中心
*廖壁（1940）	虎尾糖廠運輸課運務股調配室主任兼虎尾站站長	2016.2.1 2016.4.8	廖壁家中
*黃益雄（1945）	前溪湖糖廠鐵道課領班（1988～2002）	2016.3.17	黃益雄家中
*呂永富（1951）	溪州鄉溪厝村村長	2016.3.17	溪厝村社區活動中心
林志盛（1965）	溪湖糖廠園區經營股長	2016.3.16	溪湖糖廠文物館
林欣慕（1965）	農務課課長	2016.3.16	溪湖糖廠文物館
*蕭欽禮（1933）	父親蕭權斌為西螺保正	2016.2.28	蕭欽禮家中
*張數蘭（1942）	斗六市半路庄蔗農、筆者外婆	2016.4.6	筆者家中

蔡惟立 （1959）	橋頭社區發展總幹事	2016.4.8	橋頭國小
*蔡昆明 （1960）	施厝寮社區發展總幹事	2016.4.8	蔡昆明家中
*陳先生 （1944）	阿勸村民	2016.4.8	阿勸農場
洪秀霞 （1941）	二林區原料委員、二林產銷班	2016.4.21	蕎麥有機家園
*趙進富 （1947）	1973～1999年擔任合眾紙業工廠員工，現居住於寶隆紙廠對面	2016.4.21	林內鄉寶隆製紙廠外
許忠正 （1950）	莿桐鄉四合村社區發展協會理事長	2016.4.21	許忠正家中
蕭汶淇	莿桐鄉四合村社區發展協會	2016.5.1	莿桐鄉四合村聖母宮外
*鄭坤木 （1934）	麻園區原料委員	2016.5.1 2016.5.2	鄭坤木家中
林榮森	大崙腳文史工作者	2016.4.30	虎尾鎮圖書館外
林先生 （1956）	虎尾糖廠原料課課長	2016.5.3	虎尾糖廠
*程先生 （1956）	任3年虎尾糖廠鐵道股長	2016.5.3	虎尾糖廠
許建新 （1963）	前施厝村村長	2016.5.18	金事興傢具行
張聖坤 （1974）	糖業鐵道文史工作者	2016.5.19	屏東東港國小

*表示其口述資料引註於內文之中

（九）地圖資料

日本陸地測量部

　　1925〈日治五萬分之一地形圖〉。

　　1944〈日治二萬五千分之一地形圖〉。

不詳人著

　　1934〈1934年五萬分之一莿桐庄管內略圖〉，《莿桐庄勢一覽表》，無頁碼。

日糖興業株式會社臺灣支社

　　1941～1945〈南部製糖所線路圖〉，大崙腳文史工作室林榮森提供。

美軍陸軍製圖局